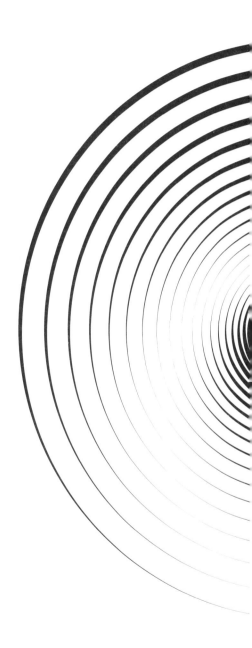

烏合之眾

激情、非理性、領袖崇拜，盲目群體的心理陷阱

PSYCHOLOGIE DES FOULES

Gustave Le Bon
古斯塔夫・勒龐

董強——譯

目錄　烏合之眾

推薦序

序言

第三篇 群體的歸類和描述 181

推薦序

我們是（非）烏合之眾：重讀大眾心理研究

林耀盛（國立臺灣大學心理學系教授）

法國社會心理學家勒龐（Gustave Le Bon）的《烏合之眾》一書，主要面向之一是論述對歷史產生重大影響的各種因素中，信仰因素的重要。但需探問的是，信仰是理性的、自發的；還是無意識的、獨立於所有理性之外？經由勒龐的論點可知，只要還認為信仰是自發的、理性的，人們就無法解釋它是如何發生的一系列問題。正因為信仰總是無意識的，所以能給出一個重要問題的解決辦法，即那些無法被證明的信仰，卻常常為歷代統治者確信不變。他們主要借助於以下三種的手段：斷言、重複、傳染，其影響過程雖較緩慢，但效果卻持久。進言之，輿論和信仰能傳播出去，是透過傳染作用與催眠效果，很少透過邏輯推理。

勒龐認為這樣普遍信仰在哲學意義上的神祕荒謬性，是有其心理基礎。佛洛伊德（Sigmund Freud）後來也指出，人們普遍傾向於「相信」奇蹟，而非檢驗奇蹟。

因為從嬰兒期的現實測試開始，人的幻想就幫助人們度過許多困頓的狀態。而「理性」剝奪了人們許多這類虛幻的快感，以至於人們對於理性與科學多少懷有敵意。但理性與否的切割，更容易造成理盲或理性邏輯的單向度服從；反而錯過心理特徵的發展與外在世界的連結，不是靜態結構，而是情境導向。理性是沒有邊界的，越過理性，不是「非」理性，而是「另」一種理性。理性不會說再見，因為理性是穿戴狡猾面具的詭計多端者，理性是一種設計，用來號召真理。當所有意識形態都以「虛構」相稱，真理是深刻的謊言，真理意識形態的景觀，就被奉為圭臬。普遍信仰的作用除了動員理性邏輯外，還包括情感邏輯與集體邏輯。

群眾聚集，為何是烏合之眾，不是眾志成城？就是因為群眾視野過於狹隘，從而使其無力抗拒強烈的衝動，只好任其支配。但激情只能支持信念，而不能創造價值。但是什麼因素支撐著這些信念？透過此書的梳理，可知群體信念的特徵是盲目的順從、粗暴的不寬容，以及強烈的宣傳欲望，這是如宗教形式的情感。於此，藉助語言與口號魔力的操弄，更產生加乘作用。但勒龐指出詞語只具有流動的、過渡性的意義，從一個時代到另一個時代、一個民族到另一個民族，意義都會產生變化。當我們希望透過詞語來影響群體時，在特定的期間內，該詞語對於群體的意思，並不是它們以前有過的意義，也不是心理結構不同的個體所賦予的意義。詞語如思想，是有生命的。

語詞力量的流變與矛盾性，容易造成情緒選擇如滾雪球般的情感上的渲染，但也可能隨時代的快速變化產生新情感政治的作用。目前全球化網路環境容易形成霸凌分化狀態，就是因為人們在想像的共同社群裡不求「正確」資訊而求「共感」認同，彼此間尋求凝聚暴力，造成一種沒有首謀者的恐怖主義運動。從過去的選舉謠言四竄，至目前新興病毒肆虐，網路部落方言成為一個習性的聚集地，促發群體極化傾向愈趨強烈。在目前全球威脅處境下，恐怖主義活動雖然可能消退或是變形為不同形式，但永遠不會徹底消亡。如當前地緣政治、疫病風險和新興治理的新修辭策略都顯示群體如水，可造成訊息的流瀑效應，爆發群盲的偏執衝動；也會成為各種不同意見匯流的三角洲，促進相互間溝通理解。如此的語言流動性意義，讓我們更深刻理解在不同的時空，群眾心理的變與不變；如何風險溝通與訊息傳播，以契合時代生態的演化與民眾的接收歷程，不是僅訴諸單一邏輯理解，需回到群眾並非單一個體的組合聚集，而是不同他者的交錯遭逢。

若我們只是慣性於思想過度簡單化，易受刺激、容易接受暗示、感情太誇張等因素的影響力，更容易生成勒龐於此書所論述的大眾心理的滋生土壤。儘管，這些群體有的完全異質、由不同元素構成；有的群體同質、由大致接近的元素（派別、職業團體、階級）構成。但透過閱讀本書的探討脈絡，我們當可更深刻體會，並非「事實」本身震撼群體的想像力，而是群體如何在腦海裡「再現」這些事實。在這疫病流行時期，心理不信任與社交距離的處境下，人們得以重新學習寬容本真的存活方式，不是陷入匿名群眾的漩渦，而是需面向「他者」再現的意義。當我們肯認尊重多樣性的他者，不會恐慌陷入盲從的喪失個性的去責任化，而能轉向「照顧自我、關切他人」的一種連結關係歷程，這是跨時空閱讀本書的價值重探。勒龐於本書結語指出：「追隨一個理想，讓群體從野蠻走向文明。然而，一旦這個理想失去了它的力量，就開始敗落、消亡。這就是一個民族的生命歷程。」由此延伸，面對防疫無國界的病毒，我們正置身新興民主而非民粹的共同體構成的想像實踐時刻，這不僅在於抽象推理的認知思辯層次，更是寬容敦厚的回應「我們」是誰，以及如何構成「我們」，我們的新試題。

短暫與永恆之間，我們，閱讀跨世紀的經典，追索高度文明建構所遭遇的各式新型挑戰之回應解答，這是本書翻譯出版的當代積極意義。

推薦序

群眾的愚昧與智慧

鄭俊德（閱讀人社群主編）

如果你加入臉書，你會發現網路有極端兩種呈現，一種是個人版面一片祥和，動物、花草、美食色香味俱全，而另一種則是砲聲隆隆，政治、標籤、立場刀鋒劍影筆戰不斷。

旁觀的我們依舊可以有三種選擇，第一種是常見的裝作看不見，第二種則是相同立場相互取暖，第三種就比較血腥了，封鎖檢舉外加酸民嘲諷射後不理，沒事就沒事但有事就是對簿公堂法院見。

有人說臺灣太自由了，所以才會有這樣的酸民、不理性的聲音，但其實極權國家也一樣有如此的言論攻擊現象，否則就不會有小粉紅或是玻璃心這些貶抑詞了。

所以你要解構這個網路現象，這本《烏合之眾》群眾心理學的經典你一定要好好拜讀，儘管這是一百多年前的作品，但卻很完整解釋了群眾運動的功與過。

當然近代有個非常有名的心理學理論也呼應了這本經典作品，這理論又叫「樂隊花車效應」（Bandwagon effect）或是大家熟知的從眾效應，維基百科這樣解釋著：人們受到多數人的一致思想或行動影響，而跟從大眾之思想或行為。

這種現象最常見到的就是百貨週年慶的一窩蜂搶購行為，或是只要有一點原物料大漲消息、疫情影響，衛生紙就會被搶購一空，這些盲目且瘋狂的消費行為。

當然，搶購商品排隊長龍都還算是小事，歷史上許多革命、屠殺、戰爭甚至是中古世紀的女巫狩獵，造成大規模的人命喪失，這些更是群眾效應的負面嚴重影響。

說到這裡，你一定也聽過群眾智慧這個詞，透過群眾的分析與數據推測，達成最有效的聰明預測，最有名的一個實驗就是一位TED的演講者李爾．羅瑞夫（Lior Zoref）受邀分享，他帶了一頭牛上TED演講台上，接著請觀眾猜牛的體重，透過一個對應的網站程式，每個人都輸入了自己的預測，結果集結眾人的平均值幾乎精準命中公牛體重。

不過，聽到這裡你會發現，我們剛剛百貨大採購或是歷史的戰爭革命，似乎和群眾所表現出來的智慧是相違背的，甚至感受到更多的是群眾愚昧，這中間到底差別在哪裡呢？

《烏合之眾》書中提到一群人聚在一起，會有一種群體認同感，並且覺得自己擁有了巨大的力量，但這力量需要有一個指令遵循，所以群眾會推舉出領袖，並且服從領袖指令，最後這位領袖的行為就決定了這個團體的未來性。

《烏合之眾》也提到了多數時候，我們選出的領袖不一定是最優秀的，他們往往是一些巧妙的演說家，只追求自己的利益，透過低級的諂媚本能來說服群體，而在群體中的人們因著群體認同感與群眾效應的影響下，儘管這位領袖行為瘋狂且錯誤百出，群體中的人們也會試著合理化這些錯誤行為，因為沒有人願意接受自己一開始就是錯了。

群眾效應影響下，我們常常不敢在眾目睽睽下正確表達想法與立場，歷史也出現許多知名的狂人或是事件，如希特勒或是法國大革命等，這些都可以算是群眾效應的負面影響。

那麼群眾愚昧是否能導向智慧呢？答案也是可以的，關鍵依舊在群眾，而解答就在古斯塔夫．勒龐 一八九五年出版的《烏合之眾》這本書裡頭，距今已一百多年，但即使現在讀來依舊歷歷在目影響深遠，與你分享這本經典必讀好書。

推薦序

跳脫烏合之眾

王意中（王意中心理治療所所長／臨床心理師）

我們，躲不開人群。我們，欣然往群體裡走去。時而被動，時而主動，我們日以繼夜地，在虛擬的，現實的群體世界中，莫名地流連、穿梭。

當我們睜開雙眼，有時如飢渴般，自然地尋求各種群體的接納、認同與歸屬。在群體之中，我們很容易消失了原本的自己，卻又誕生了，另外一個全然不同的自己，甚至於，好多角色的自己。

在群體之中，我們壯大了膽，自視變得勇敢，眼界是何等的不同以往。想法常不假思索，啟動了行動開關，也和群眾之間，有了莫名的共同情感。雖然，我們可能不知道這些人到底是誰？

在群體之中，有時讓我們感到安心，也有參與的存在感，當中也帶有一點湊熱鬧，或多少共鳴的感覺。但我們是否清楚知悉，在群體裡，自己的所作所為，是根基於何種信仰、理念、道德、觀念？

在群體之中，我們不知不覺加入了這群鬆散，沒有事先組織規劃的人群裡面，可能因為某些議題、信仰、觀念、事件讓這群素昧平生的人們，彼此交織在一起。

迷人也惑人的是，群體讓我們做了許多在理性狀態下，自己不會去做的事。在群體之中，我們不知不覺被操弄了，掌控了。但我們似乎感受不到，這當中有什麼問題存在？

然而，群體的心理動力，卻時而冷不防地，將我們推向新奇、陌生卻又容易忽略的險境。我們是否曾經想過群體的集體行為，將為人類或你我他，帶至什麼樣的境界或地獄？當群體心理被操弄，將是何等具毀滅與爆炸性。群體是否讓我們消失了自己對事物的思辨能力？

一個人心理層次的瞭解很是複雜，更何況，當群體聚集在一起時，當中的心理動力如何運作，更是令人難以捉摸與猜測。

但閱讀《烏合之眾》這本書，讓我們跳脫出思考的盲點，理性地，來維持自己與群眾之間，一個適當的安全距離。讓我們清楚知道，如何身處在這群體當中，卻不失做為自己應有的責任，而不會只是一味地盲目從眾。

透過作者的筆觸，讓我們試著從群體之間，適時清明抽離出來，仔細審視過往，自己未曾遇見在群體裡的想法、行為與感受的狀態。思考繼續留在原地，或瀟灑選擇離開。

我們無時無刻不在群體當中，也得無時無刻地自我覺察，以避免讓自己迷失在這茫然的人海之中，載浮載沉。

同時，讓我們在解讀群體行為，不僅只是從行為的表象來解讀，而能夠理性、周延與全面看待群體行為所要傳達的深層意涵。

別讓自己在群體裡，失去了自己。閱讀《烏合之眾》，跳脫烏合之眾。

推薦序

但願我們每個人都是特異分子

林仁廷（諮商心理師）

起鬨是？

你曾看過情侶當場求婚嗎？女孩露出驚訝的表情，而群眾起鬨鼓譟「嫁給他！嫁給他！」你會跟著說嗎？

起鬨也是群眾心理行為，發起者鼓動群眾一起促成看似善意的事，群眾無須負責，也以為是在做好事，但這可能只符合發起者的利益，以及群眾潛意識裡各自的盤算（看好戲？）。女孩是驚喜還是驚嚇？在當時情境已騎虎難下，有可能出現被迫接受還得感謝大家的心理錯亂。多數人一起做的行為不一定是正確的，但是個人很難脫身。

人類是群體性動物，個人從屬某團體好處多多，生存率提升，心理也有歸屬及安全感，順從群體有好處，可從中參考他人行為，學習未知事物，萬一群體做錯其責任也是分散的，真要追究，就追究為首的吧。群眾心理現象最先由法國社會心理學家勒龐於一八九五年提出，他認為多數聚集的群眾都屬「烏合之眾」，是暫時性的團體，是無組織、無紀律的一盤散沙，這群人很容易被驅使盲動。

驅動群眾的操作手段

你會去搶購衛生紙嗎？勒龐認為有兩項條件啟動這類瘋狂行為，首要的是「情緒傳染」，其次是「行為跟著團體走」。

「我有朋友是廠商，他們說衛生紙的原料不夠了……」、「沒有衛生紙擦怎麼辦？」這些語言的背後是情緒，是害怕和恐慌，當有人開了第一槍，出現榜樣，骨牌效應就出現，瘋搶衛生紙。當社會環境與經濟不穩定時，人的心智最容易受到影響，生活層面的瘋狂行為很容易被激發。

另一類是「價值觀」層次的，是個人認同並加入某屬性群體後，獨立性也消失了，他們跟從有聲望的領袖，群體產生模仿行為（揣摩上意）。領袖也藉「斷言、重複和傳染」讓價值觀生根於群眾，形成普遍的流行觀點。

最顯明的例子是政治領域，常見的句子「發大財」、「這樣做就對了」、「一直是網軍啦」都這樣用。「斷言」是斷章取義，「那些意義不明確的詞語往往影響最大」，加上群眾情感投射與穿鑿附會的解釋，變成另一個意義；「重複」，將斷言不斷重複，讓人們以為是「已被證實的真理」加以接受、深信不疑；「傳染」，越多人如此認為，就變成了「流行觀點」，大家都這麼做還要驗證什麼，解釋了自己跟著做是沒錯的。

每個人都要是特異分子

勒龐那時代還沒有網路，他大概想不到網路世界以更巧妙的包裝、更迅速的傳播效率上演著群眾心理亂象，那些正義魔人、底下附和的+1留言，以謾罵、肉搜造成異己者更大的傷害，甚至是心理創傷。群眾雖然烏合，但個人真的很難抵抗。

社會心理學的主張是「你在哪（環境）」的影響大於「你是誰（人格）」，群眾心理正是此議題，但我們每個人都可以是特異分子，不要讓這些影響無意識的發生，欣賞歧異與多元選擇，保有思考能力，才有真正自由抵抗團體心理陷阱。

譯者序

最初，我對翻譯《烏合之眾》是有抵觸的。因為社會上已經有了諸多版本。不僅有從英語翻譯的，也有直接從法語翻譯的。作為譯者，每個人的精力都有限，所以最好把有限的精力用在沒有被介紹到國內來的作品上。然而，一方面是作家榜的熱情和執著，另一方面，在翻閱了已有的譯本之後，我還是產生了一種困惑，覺得也許它們離原文有不少距離。換句話說，有可以改進的餘地。

在重讀了勒龐的原作之後，我的這種感覺愈發強烈。為了進一步確定自己的感覺沒有誤差，從去年開始，我閱讀了勒龐的其他一些著作，尤其是《人與社會：起源與歷史》（*Histoire des origines et du développement de l'homme et des sociétés*）、《教育心理學》（*Psychologie de l'éducation*）等，對勒龐在《烏合之眾》中的立意、研究方法和表述方式，都有了一定的重新認識。二〇一六年年底，當我走出法蘭西學院的院士圖書館的時候，就正式確定了要答應翻譯或者說重譯《烏合之眾》。整個翻譯過程充滿了考驗。經過一年的工作，我希望交出了一份比較令人滿意的答卷，也有待讀者的評判。

需要解釋的是，我保留了《烏合之眾》的書名，儘管這一書名其實是一個漢語成語，在漢語文化中有明確的貶義，而原書並無這一題目（原書的題目直接就是《群體心理學》）；我也保留了作者勒龐的姓名的譯法，儘管其實並不完全符合法語的發音，也容易讓人誤以為作者跟法國當今極右勢力的領袖勒龐父女有血緣關係。這是因為，一方面我不想為讀者帶來太多的困惑，以為我翻譯的是另一本書，出自另一位作者；另一方面，「烏合之眾」的說法，還是吻合原作者的意思的。作者筆下的群體，確實有「烏合」之意。

在版本選擇上，我從法蘭西學院的院士圖書館借閱了該書一九〇二年的版本，可以說與一八九五年的初版完全一致。它已經是第六版，可見這本書當年就幾乎以每年再版一次的速度面世。經過與一九六三年法國權威的法國大學出版社（Presses Universitaires de France，ＰＵＦ）重出的版本（「當代哲學文庫」）相比較，我決定將這兩版的序言都翻譯出來，可以幫助讀者既能感受到該書早年的樣子，又能看到它在跨越了半個多世紀成為真正的世界經典後的面貌，以及從編者的序言中透露出的那種理解、簡潔和自信。

除了在書名和人名上尊重了約定俗成的譯法，尊重了讀者的閱讀傳統之外，我的譯文本身，則全部是自己的譯法，沒有借助任何別人的版本。在完成《論語》的法語譯本的時候，我就採取了這一態度：一個譯者提供的版本，必須全部建立在他自己的理解之上。無論是否最好的，它必須是唯一的。一方面，這種唯一性體現在譯本的整體性和連貫性之中，不允許有對其他譯本的隨意參照；另一方面，對細節和局部的準確傳譯也不是任何外在的參照或借鑒可以換來的。這一點，相信任何一位細心的讀者都會感受到。

由於本書涉及到不少西方的事件和人物，尤其是法國大革命，我在書中添加了必要的注釋。這些注釋本身，我也盡力以自己的方式來撰寫，強調它們與正文的關聯，讓讀者感受到為什麼作者會使用這些專用名詞，以及它們在文中出現的意義，而不簡單是百科全書式的客觀注釋。

自從在三十餘年前走上了學習法語的道路，我就一直沉浸在法語世界中。在翻譯了三十餘部著作之後，傅雷翻譯出版獎的組織和評選工作，耗去了我大量的時間和精力。因此，在翻譯實踐上，近來出現了一定時間的間歇。《烏合之眾》是我近年來重新執筆翻譯的第一部，希望它能夠綜合我三十餘年來對法國的語言、歷史、文化、思想等的理解，也綜合我近年來對於翻譯實踐的思考和經驗，成為一個面對讀者時我本人能夠負全責的版本。

而《烏合之眾》一書，也確實值得我這麼去做。它的重要性，尤其是在當今社會中的現實意義，已經無需我在此重提了。

二〇一七年十一月於燕園

一九〇二年第六版作者序言

我的前一部著作專門描述種族的靈魂。現在我要來研究群體的靈魂。一個種族的所有個體因為遺傳而得到的共同特徵，總和起來，就構成了該種族的靈魂。但是，當其中一定數量的個體聚集成群體，來進行某種行動，那麼，觀察顯示，由於他們聚集在一起，就出現了一些新的心理特徵，與種族的特徵重疊在一起，有時候與種族特徵會有深深的不同。

在一個民族的生活中，有組織的群體一直都發揮很大的作用；但是，今天，這一作用尤其重要。群體的無意識行為取代了個體的有意識行為，成為當今時代的主要特徵之一。

我試圖運用完全科學的手段，來探討群體這一很棘手的問題，也就是說試圖建立起一種方法，把輿論、理論和教條扔到一邊。我認為，這是唯一可以讓我們去發現些許真理的手段，尤其當我們要探討的問題是人們極感興趣的問題時。一個觀察現象的學者，無須理睬他的觀察可能會觸犯到的利益。一位傑出的思想家，戈布萊．達爾維艾拉（Goblet d'Alviella）先生，在最近的一篇文章中說，由於我不屬於當今的任何流派，所以我跟這些流派的一些結論有時會產生對立。我希望本書也能招來同樣評價。因為從屬於一個流派，就意味著會接受該流派的偏見和成見。

然而，我需要向讀者解釋，為什麼我從自己觀察中得出的結論，與人們第一眼看以為我會得出的結論如此不同。比方說，我明明注意到，群體的心智極其低下，那些由精英聚合而成的群體也不例外，卻又宣稱想要去改變他們的組織；這是危險的事情。

那是因為，對歷史上的真實事件進行專注觀察，結果總是告訴我，由於社會組織與所有生物的組織一樣複雜，我們絕對不能讓它們突然受到深刻的改變。有時候，大自然固然很決絕，但也從不如我們以為的那樣。因此，進行重大改革的癖好，對於一個民族來說，是最可怕的，無論這些改革從理論上看是多麼的好。除非能夠馬上改變種族的靈魂，改革才會有用。然而，惟有時間才具備這種力量。能夠治理人的，是觀念、情感和風俗，它們都是在我們自己身上的東西。制度和法律只是我們靈魂的外在表現，是靈魂需求的體現。制度與法律產生自靈魂，因此，它們無法改變靈魂。

對社會現象的研究，也得一併研究它們所屬的民族。從哲學上來看，這些社會現象可以有絕對的價值，但從實際上來看，這些價值是相對的。

因此，在研究一個社會現象時，必須先後從兩個非常不同的方面去看它。我們會發現，純粹理性教給我們的，經常跟實踐理性教給我們的正好相反。這種差別可以運用於一切論據，即便是物理學的論據。從絕對真理的角度來看，一個立方體，一個圓，都是固定不變的幾何形狀，由一些公式進行嚴格的定義。但從我們的視角看去，這些幾何圖形可以具有變化多端的各種形狀。事實上，透視可以把一個立方體轉化為一個金字塔形，或者正方形，把圓形轉化為橢圓形，或者一條直線。而這些虛幻的形狀，對於觀察者來說，要比真實的形狀更加重要，因為它們是我們唯一能夠看到的，是攝影和繪畫唯一可以表現的。不真實在一些情形下，比真實還要真。將物體以它們準確的幾何形狀表現出來，其實就是將自然變形了，變得讓人認不出來。如果我們假設一個世界，裡面的居民只能臨摹或者拍攝物體，而不能觸摸物體，那麼，他們很難瞭解物體形狀的確切樣子。而且，對於這一確切形狀的認識，只有極小部分的專家學者才能做到，沒有太大的意義。

研究社會現象的哲學家必須意識到一點，在這些現象的理論價值之外，還有一種實踐價值，而且，從文明演變的角度來看，只有實踐價值才有重要性。一旦有了這樣的認識，他在面對邏輯帶給他的結論時，會非常的審慎。

還有其他一些原因，也會讓他慎重、保留。社會事實極其複雜，人是不可能從整體上看到全貌，不可能預測它們相互影響之下的種種結果。而且，在許多看得見的事實之下，有時會隱藏著無數看不見的原因。看得見的社會現象背後有龐大的無意識工作，但其結果在很大程度上，是我們的分析無法觸及到的。我們可以把看得到的現象比喻成浪花，它們在海洋表面上表現出底層的激蕩，而我們對後者一無所知。對群體的大部分行為進行觀察，會發現群體心智都極其低下，但是，也有一些行為讓人看到，群體彷彿是被各種神祕力量所引導。這些神祕的力量，古人稱它們為命運，或自然，或天意，我們稱之為「逝者的聲音」。我們不能無視它們的力量，儘管對它們的本質一無所知。有時候，我們可以感知到，在每個民族之中，有一些潛在的力量在引導他們。比方說，還有什麼能比一種語言更加複雜，更合邏輯，更加美妙？然而，這樣一種組織如此嚴密、如此細膩的東西，又是從何產生的呢？除非來自群體無意識的靈魂。最淵博的學者、最令人尊敬的語法學家，也只能做到，儘量記錄下這些語言的法則，並無任何能力去創造這些語言。甚至我們是否能夠肯定，那些偉人的天才想法，僅僅都出於他們的腦袋嗎？當然，它們總是被一個單獨的人創想出來的，然而，這些想法得以產生的沃土，由無數的塵土構成，難道不是群體的靈魂讓它們得以形成？

群體大概總是無意識的。但是，也許正是這種無意識本身，構成了他們力量的祕密之一。在大自然中，那些僅僅聽從於本能的生物，其所完成的行為，往往可以讓我們驚嘆有多麼美妙又複雜。在人類的發展史中，理性完全是新生事物，還不夠完善，無法讓我們看到無意識的法則，尤其是無法取代無意識。在我們所有的行為中，無意識都佔據了巨大的部分，而理性只佔據很小的部分。無意識作為一種尚未為人所知的力量在發揮作用。

因此，假如我們希望自己停留在科學所能發現的事物，其狹隘但卻肯定的範圍之內，不去模糊的領域和無用的假設那邊遊蕩，那麼，我們就應該只去觀察自身所能看到的現象，而且滿足於僅僅進行觀察。一切從我們觀察中得出的結論，在很多情況下都是不成熟的。因為，在我們看得頗為分明的現象背後，還有許多看不清楚的現象。甚至，在它們的後面，也許還有其他現象，是我們根本就看不到的。

一九六三年版序言

一個民族的所有個體，因環境和遺傳而擁有的共同特徵，總和起來，構成該民族的靈魂。

由於這些特徵源自祖先，所以，它們總是非常穩定。但是，如果在不同的影響下，一定數量的人暫時地聚集起來，那麼，觀察可以證明，在他們的祖先留下來的特徵之外，又會添上一系列新特徵，有時會與該種族的固有特徵相差很大。

它們的總和，構成了一種強大而又暫時的集體靈魂。

群體在歷史上一直都扮演著重要的角色，然而其作用從未像現在這樣巨大。群體的無意識行為，代替了個體的有意識行為，成為當今時代的一大特點[1]。

1 編注：本書初版於一八九五年。自此之後，書中所說的現象，並無改變。書中所展示的思想，在當時看來極為衝突矛盾，今天，則已成為經典。《烏合之眾》已被譯成多種語言：英語、德語、西班牙語、俄語、瑞典語、捷克語、波蘭語、土耳其語、阿拉伯語、日語等。

獻給TH・里博

（Théodule-Armand Ribot）

《哲學雜誌》主編，法蘭西公學院心理學教授，

法蘭西學院院士，帶著我的愛戴和敬意。

引言

群體的時代

當今時代的演變／文明的巨大變化，是人民思想變化的結果／現代信仰具有群體的力量／現代信仰改變國家的傳統政治／民眾階級如何登上舞臺，如何施展自己的力量／工會／群體力量的必然結果／群體只能引起一種破壞的作用／垂垂老矣的文明將斷送在群體手中／對群體心理學的普遍無知／研究群體對於法律制定者和政治家的重要性

文明每次變革之前出現的重大動盪，看上去往往由重大的政治演變決定：外族入侵，或朝代變更。然而，對這些事件進行認真研究，更加讓我們看到，在那些表面原因之下，人們觀念的深刻變化才是真正原因。真正的歷史變革，並非那些因其巨大、暴力而讓我們震驚的變革。唯一重要的變革、那些招致文明出現更新的變革，是在意見、觀念和信仰之中發生的。令人難忘的重大事件，乃是人們看不見的

思想變化的可見結果。這些思想變化很少顯示出來，因為一個種族的思想遺傳根基是該種族最恆定的因素。

當今時代構成了人類的危急時刻之一。人的思想正處於變化之中。

兩個根本的因素，構成了這一變化的基礎。首先，是宗教信仰、政治信仰和社會信仰的毀滅，而我們文明的所有組成元素，皆衍生於這些信仰。其次，出現了全新的生存與思想條件，它們產生於科學與工業的現代發明。

儘管過去的理念已經被動搖，但依然強大，而將要取而代之的理念，仍然還在形成的過程之中。因此，當今的時代，代表了一個過渡的、無政府的時期。

這樣一個時期，必然有些混亂。就現在而言，很難說會有什麼從中誕生。那些將在我們社會之後出現的社會，將建立在何種根本理念之上？我們並不知道。但是，從現在起，我們已經可以預言，它們在其組織上需要充分考慮一種全新的力量。這股力量是現代的最新君主：群體的力量。那麼多被人認定是真理的理念，如今已經消亡，那麼多的權力，已經被相繼的革命所摧毀。在這廢墟之上，唯有這一種力量矗立起來，而且看來會很快席捲其他種種力量。我們古老的信仰搖搖欲墜，相繼消亡，社會陳舊的柱子一根根倒塌，群體的行動成為唯一的力量，沒有任何東西可以威脅到它，而且其威望正在不斷增強。我們將要進入的時代，將是一個真正的**群體時代**。

不到一個世紀以前，國家的傳統政治，以及君主間的對抗，是影響各類事件的主要因素。群體的意見在絕大多數情況下是無足輕重的。今天，政治傳統、君主的個人傾向，以及他們之間的對抗，已經不復重要。群體的聲音已經佔據主要位置，它告訴君主該如何行事。國家的命運不再由君主的謀臣們決定，而是由群體的靈魂所構成。

民眾參與政治生活，漸漸成為主導的階層，是我們這一過渡時代最明顯的特徵之一。實際上，政治權力的轉移，並非透過全民普選。全民普選在很長時間內沒有什麼影響，而且在起初的時候很容易被引導。群體力量的誕生，首先是透過一些漸植人心的理念的傳播，然後一些個人漸漸形成聯合，藉此使一些原本只是理論層面的觀念得以實現。群體聯合後，對他們的利益形成了也許並不正確、但卻非常明確的想法，也因此意識到了自己的力量。他們成立工會，讓所有權力都在其面前折腰。他們建立起勞工聯合會，可以不顧經濟規律，制定工作條件、定下工資薪酬。他們派選代表進入政府議會，這些代表毫無主見、毫無獨立性，絕大多數情況下，只是替選出他們的委員會發言。

今天，群體的訴求變得越來越明確，再發展下去，將會徹底摧毀現今社會，拉回到文明曙光出現之前所有人類團體的普遍狀態，一種原始的共產社會。限定工作時間，剝奪礦產、鐵路、工廠和大地的所有權，平等分配產品，為了民眾階層而消滅高級階層；以上都是他們的訴求。

群體對理性一竅不通，相反地，卻精於行動。當今的組織使得他們力量巨大。我們將見證到，其誕生的新信條很快就會獲得舊信條的力量，也就是那種不容辯駁、暴君式、絕對的力量。「群權神授」將取代君權神授。

我們布爾喬亞[1]喜愛的作家們充分代表了此階層頗為狹隘的思想、短視的眼光、粗線條的懷疑主義以及有時過分的利己主義。他們眼見全新的力量日益壯大，開始驚慌失措。為了抵制精神上的混亂，他們開始向以前極為蔑視的教會道德力量發出絕望的呼喚。他們大談科學的潰敗，要我們關注神聖真理的種種教義。可是，這些全新的皈依者忘記了一點：也許神聖的救贖之光的確觸及了他們，但是，就那些對來世毫無期待的靈魂來說，卻產生不了同樣的力量。原先主人昨日就已否認的神祇，今日的群體也不再需要。河流是不會回溯到源頭的。

科學並沒有潰敗。當今精神的無政府狀態以及在其中壯大的新生力量，與科學毫無關係。科學向我們許諾了真理，或至少是知識，是我們智力可以理解的種種相互關聯；科學從未向我們許諾和平，也沒有許諾幸福。科學高高在上，對我們的情感漠不關心，聽不到我們的哀怨。而且，任何東西都無法挽回已被科學驅散的種種幻想。

全世界到處出現的徵狀顯示，在所有國家，群體的力量都在迅速增強。無論這會帶來什麼後果，我們都必須承受。任何指責都是無力的空話。群體的到來，也許意味著西方文明最後階段的到來，意味著在全新的社會盛開之前，會回歸到混沌的無政府時期。但是，又如何去阻止它呢？

到目前為止，對古老文明的摧毀，構成了群體最清晰的角色。歷史教導我們，當作為社會骨架的種種道德力量不再發揮作用，那麼，這些無意識、粗暴的眾人便會完成社會最終的潰散。他們被準確地定義為野蠻人。**到目前為止，創造和引領文明的，一直是少數的知識精英貴族，從來都不是群體**。群體的力量只會帶來摧毀。他們佔主導地位期間，必是混亂時期。任何一種文明，都包含固定規則、需要遵循的準則、從本能過渡到理性、對未來的預想以及高度文化。這些都是群體根本無法達到的條件，因為他們完全放任。由於只擁有摧毀的力量，他們就像細菌，加速病體或屍體的化解。在群體推動下，文明如千瘡百孔的建築物轟然倒下。他們的角色在這個時候充分發揮。在某段時間內，人多勢眾的盲目力量，成為推動歷史的唯一哲學。

我們的文明是否會面臨同樣情況？可以先擔心，但現在還處於未知狀態。屈服吧！讓我們接受群體的統治，因為無數雙不具遠見的手，已經陸續推開了能夠控制他們的每一道圍欄。

人們開始談論各種群體。我們對他們所知甚少。專業的心理學家與群體的生活非常遙遠，根本沒有顧及過這群人，只有在討論他們會造成什麼罪行時，才會留意到。犯罪群體也許存在，但是，同樣存在著道德無瑕的群體、英勇的群體以及其他各種群體。群體的罪行僅是構成其心理狀態的一個獨特面向，無法光靠行為就瞭解他們的心理結構；正如僅僅描述某人的罪行，也無法瞭解他的心理結構。

然而說實話，這個世界的主人、宗教和帝國的創立者、各種信仰的使徒、傑出的政客，以及在更次級範圍內小團體的頭目，潛意識上都是心理學家，出於本能對群體的靈魂有一種瞭解，且大多非常準確。正因為瞭解得很清楚，他們非常容易就成了群體的主人。拿破崙深刻掌握了法國群體的心理，但有時候他對其他種族的群體心理一無所知[2]，使他在西班牙、俄羅斯發起戰爭（後者尤其知名），最終導致了他的垮臺。

對一位政治家來說，瞭解群體心理，就是他的資源。政治家想要不統治群體已經變得非常困難，但至少不會反過來完全被群體所統治。

群體的心理顯示出，法律和制度幾乎影響不了他們的衝動本性，群體沒有能力產生任何意見，除了那些被暗示的意見以外。從平等理論衍生出來的規則，無法引領他們。只有那些在他們靈魂中產生的印象，才可以誘導他們。比方說，如果立法者想制定新的稅種，他必須選擇理論上看起來最公正的嗎？完全不是。對於群體來說，在實際運用上，最不公正的稅也可以是最好的，只要模糊地帶最多，或者是看上去負擔最輕。所以，即便是金額驚人，這類間接稅總是可以被群體接受。只要每天從各種日常消費品上預先收取極微小的金額，就不會改變他們的習慣，不會讓他們覺得有問題。如果改變方式，以按照薪水或者收入的比例一次性收取稅金，即便總額是前面那一種稅的十分之一，也會導致全民抗議。事實上，從每天日常消費品抽取的幾分幾毛不易察覺，而一次繳交的金額相對比較多，比較有感。只有每天一分一毛累積起來，才可以不為人所察覺；但是，這樣種經濟手段需要遠見才能運作起來，而群體根本做不到。

上面這個例子可以讓人看清群體的精神狀態。拿破崙這位心理學家就看到了，但是對群體靈魂一無所知的立法者就沒能理解。他們沒還有從自身的經驗中學到：人們永遠都不會根據純粹理性的要求去行事。

利用群體的心理，還可以做其他許多事情。瞭解群體心理後，就可以解釋許多歷史、經濟現象，先前沒有這種知識根本無法理解。

因此，即便價值上只能純粹滿足好奇心，對群體心理的研究，也值得一試。考察支配人們行動的原因，與研究礦石、植物一樣有趣。本書對群體靈魂的研究，只是簡要總結、概述我們的研究，以提出一些助人思考的想法，相信其他人一定可以耕耘得更深入。我們今天所做的，只是在一片幾乎無人挖掘的土地上，勾勒出研究的輪廓[3]。

1 編注：布爾喬亞指資產階級。

2 作者注：在這一點上，他那些最高明的謀士也不比他強多少。塔列朗（Charles Maurice de Talleyrand-Périgord，一七五四至一八三八年）在寫給拿破崙的報告中說，西班牙人像期待解放者一樣，迎接他們的軍隊。其實，西班牙像對付野獸一樣迎接他們。一個瞭解西班牙人遺傳本能的心理學家，應該可以預見這一點。

3 作者注：有少數作者研究了群體心理，但正如我們前面所說，只從犯罪的角度去考察。我只對這一主題寫過短小的一章。因此，在此提示讀者可以關注塔爾德（Gabriel Tarde）先生的研究，以及西格赫勒（Scipio Sighele）先生的一本小書《犯罪的群體》（*Les foules criminelle*）。該書中，並沒有作者的任何個人觀點，卻收集了許多珍貴的事實材料，有助於心理學家的研究。另外，我對群體道德品性和犯罪行為的觀點，與我提到的這兩位作者完全不同。

在我本人的許多著作中，尤其是《社會主義心理學》（*Psychologie du Socialisme*），可以看到一些影響群體心理的法則所造成的一些後果。它們可以運用於各種研究主題。布魯塞爾皇家音樂學院的院長格瓦埃爾特（FranÇois-Auguste Gevaert，一八二八至一九〇八年）先生近期將我提出的法則充分運用到音樂之中，他稱之為「群體音樂」。這位傑出的教授將他的論文寄給我，並寫道：「您的兩部著作，使我解決了以前我認為無法解決的問題：只要是音樂的演奏特別優秀，指揮充滿熱情，那麼，群體就很容易接受這部音樂作品，無論是現在、還是過去的，本土、還是國外的，簡單、還是複雜的。」格瓦埃爾特先生充分地證明了：「為什麼有時候，一些資深的音樂家，孤獨地在房間裡閱讀樂譜，卻怎麼也看不懂作品；而有時候，在大庭廣眾之下，同樣的音樂可以一下子被那些毫無專業音樂訓練的聽眾所理解。」他同樣充分解釋了，為什麼這些美學感受並不會留下任何痕跡。

第一篇
群體的靈魂

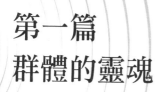

第一章
群體的普遍特徵和群體思維的心理法則

從心理學角度看，什麼構成了群體／許多個體聚集在一起，並不足以構成群體／群體的心理特殊特徵／構成群體的個體思想、情感和固定傾向，以及個體性格的消失／群體總是被無意識主導／頭腦的消失，以及骨髓的主導／智力的降低，以及情感的徹底轉變／轉變後的情感比構成群體的個體情感有時更好、有時更差／群體既容易成為英雄，也容易成為罪犯

在一般意義上，「群體」一詞指一群任意個體的聚合，無論國籍、職業或性別，也無論是怎樣的偶然使他們聚合在一起。

從心理學角度去看，「群體」一詞有了完全不同的意義。僅在一些具體的處境下，人群在聚合後會發展一些全新的特點，它們與構成每一個個體的特點非常不同。有意識的人格消逝了，整個群體的情感和想法都被引導到同一個方向。一個群

體的靈魂形成了，它也許是過渡性的，但帶有一些極其明確的特徵。於是，集體就變成了我稱之為「有組織的群體」。我沒有更好的稱呼，或有人覺得不錯的話，也可稱為「心理的群體」。群體變成了獨一的生靈，遵從「群體的心理統一法則」。

許多個體完全偶然地聚在一起，並不會因此具備一個有組織群體的特徵。沒有任何特定目標而身處同一個廣場內的上千名個體，並不構成一個心理學群體。要想獲得特殊的特徵，必須受到一些刺激物的影響，我們在後面會去定義這些刺激物的本質。

有意識的人格不再存在，情感與思想都被導引至同一個方向，即將組織起來的群體有此最初特徵。這並不意味著許多個體必須同時出現。成千上萬個不在一起的個體，在一個特定時刻、在某種強烈情感的影響下，比方說為了某國家大事，也會具備心理群體的一些特徵。在這種情況下，只需有一個任意的偶然條件將他們聚合起來，就可以馬上使他們的行為和舉動具有群體行動的特有形式。在一些歷史時刻，十來個人就可以構成心理群體，而成百上千的人偶然聚合在一起，也不一定能構成心理群體。另一方面，整個國家的民眾，即便沒有明顯地聚合在一起，有時候也可以在某種影響的作用下成為群體。

一旦心理群體構成了，就會具備一些普遍特徵，雖然是暫時性的，但至少是明確的。在這些普遍特徵之上，還會附帶一些特殊特徵。群體賴以形成的組成元素不同，這些特殊特徵也有所不同，群體的思維結構也會有所改變。

因此，心理群體可以歸為不同類型。研究各種類型後，我們可以看到，有的群體完全異質、由不同元素構成，有的群體同質、由大致接近的元素（派別、職業團體、階級）構成。這兩類群體會有共同特徵，此外還有一些特殊性，能將彼此區分開來。

在我們去對各種不同群體進行分類之前，首先來看看所有群體都具有的共同特徵。我們就像博物學家一樣，先確定一個科中個體的普遍特徵，然後再去確定這一科所涵蓋的不同類別和種類的特殊特徵。

群體的靈魂是不容易描述的，它的組織不僅僅根據集體的種族與構成而變化，而且還根據所承受的刺激物性質和程度而有所不同。其實，對任何一個個體的心理學研究，也會具有同樣的難度。在小說中，個體總是帶著恆定的性格出現。但在真實的生活中，並非這樣。只有生活領域的同一性，才會產生個性在表面上的同一性。我在其他著作中已經指出，所有的心理結構，都可能因為受到社會階層突然變更的影響，而顯示出可能的特徵。正因如此，在最激進的國民公會[1]成員中，可以有毫無鬥志的布爾喬亞，他們在普通的處境下，也許就是一團和氣的公證人或者公正的法官。一旦風暴過去，又找回自己的正常特徵。他們之中很多人後來成了拿破崙最忠實的僕人。

我在這裡不可能研究群體形成的所有階段，所以焦點會更集中在他們已經完全組織好的階段。我們看到的，是他們會成為什麼，而不是他們平時的樣子。只有在這個業已組織完畢的高級階段，才會出現一些全新的、特殊的特徵，會重疊在該種族恆定的、主要的特徵之上，將集體的所有情感與思想都導引至同一個方向。只有在這一情形下，才出現我在上面所說的「群體的心理統一法則」。

許多群體的心理特徵即便在個體各自分開的時候，也是共有的。而其他一些特徵，則只出現在集體身上。我將首先研究這些特殊的特徵，以展示它們的重要性。

一個心理群體所展示的最令人震驚的事實如下：無論是什麼樣的人構成群體，無論生活方式、職業、性格或者智力是如何地相同或者不同，僅僅因為他們構成了群體，就彷彿有了一個集體靈魂。這個靈魂讓他們有了一種感知、思維和行動方式，這些在每一個人分開時完全沒有。有些想法、有些情感，只有在個體成為群體時，才會湧現出來，或者轉化為行動。心理群體是暫時存在的生靈，由某段時間內凝結在一起的異質性元素構成，絕對就像是一個個活生生的身體細胞，透過聚合作用而形成一個新的生物，展示出與每一個細胞特徵完全不同的特徵。

很奇怪，即便在赫伯特・斯賓塞[2]這樣敏銳的哲學家筆下，也可以看到一種說法，認為在群體的聚合中，會出現元素的總和以及平均值。實際完全相反，只有新特徵的組合和產生。就跟化學過程一樣，有一些元素比如鹼和酸一起存在，才會組合、產生出新的合成物，具備所有構成它的舊元素所沒有的不同特點。

我們很容易看出，群體中的個體與孤立的個體不同，但如此不同的原因卻很難被發現。

要想看到這些原因，首先需要記住現代心理學的這一觀察結果：無意識的現象不僅僅在有機的生命中，而且在智力的運行過程中也發揮首要的作用。精神的有意識生活，與它的無意識生活相比，只代表了非常小的一部分。最精妙的分析家、最敏銳的觀察者，也只能發現引導精神的諸多無意識元素的一小部分。我們有意識的行為，來自一個無意識的基質，它主要由遺傳的影響所構成。這一基質涵蓋了許多先民留下來的東西。它們構成了一個種族的靈魂。在我們行為裡那些說得出口的原因後面，有許多我們所不知道的祕密。我們日常的行為，大多數都是不為自身所知的隱祕動機所造成。

一個種族的所有個體彼此都相似，主要是透過構成種族靈魂的無意識元素。而透過有意識的元素（往往源自教育，但主要源自與眾不同的遺傳），個體之間才產生不同點。在智力上差距最大的個體，有時候會有相同的本能、激情和情感。在構成情感的所有材質中，包含宗教、政治、道德、感情、反感等，最傑出的人也很少超過一般人的水準。著名的數學家和他的鞋匠，在智力上可能差一大截，但從性格和信仰角度來看，差別經常很小，甚至不存在。

而這些由無意識統領的普遍性格特質，一個種族內的大多數正常人多少都具有。群體形成的時候，它們便開始統一在一起。在集體的靈魂中，人們的智力和才幹，以及因之而產生的個體性就消失了。異質性淹沒在同質性之中。無意識的性格特質具主導地位。

這些普遍特質會統一在一起，由此便可以解釋，為什麼群體沒有能力完成需要高智力的行動。比起一群傻瓜聚在一起做出的決定，一群卓越但專業不同的人組成議會，為了共同利益而做出的決定，不見得有多麼優越。事實上，他們只能將所有人擁有的這些平庸特質結合起來。群體添加的，不是智力，而是平庸。人們總是說，所有人加一起，要比伏爾泰更聰明。假如所有人加一起便代表了群體，那麼，伏爾泰一定比他們更聰明。

但是，假如群體中的個體，僅僅是將他們平庸的特質融合在一起，那就只會形成平均值，而不是如前所說，創造出新的特徵。這些特徵是如何建立起來的？我們現在來找一找。

有許多原因，導致群體會出現特有的特徵。第一個原因就是，僅僅由於人數增加，群體中的個體就會感到擁有一種不可戰勝的力量，使他可以釋放出獨自一人時肯定會克制的本能。尤其是，**群體是匿名的，因此也是不負責任的。一直控制住個體的責任感，會完全消失。所以，他會特別容易放縱自己。**

第二個原因是，心理傳染也會介入發生作用，從而在群體身上產生出特有的特徵，並決定他們的方向。傳染是一種容易觀察到的現象，但還沒有人能夠解釋，它應當與我們接下來要研究的催眠一類現象有關係。在一個群體中，一切情感、一切行為，都是具有傳染力的，以至於個體輕易就可以為了集體利益而犧牲自己的個體利益。這是一種與他本性相違背的能力，只有在從屬於群體的情況下，個人才可以做到。

第三個原因，也遠遠是最重要的原因，決定了群體中的個體會出現一些特徵，它們有時與孤立個體本身的特徵非常對立。我想說的就是容易受到暗示的特性。上面提到的心理傳染，其實也只是它的後果。

為了理解這一現象，我們腦子裡需要補充一些生理學的最新發現。今天，我們已經知道，個體可以進入這樣的狀態：在領導的影響下，他失去了有意識的個性之後，便會聽從領袖的所有暗示，做出與他的性格、習慣最為相反的行為。而在細緻的觀察後，我們似乎可以證明，個體在一定時間內融入到行動的群體中，很快就會進入一種特別的狀態，非常類似於受到催眠者完全吸引、誘導的狀態。其間可能是受到了群體發出的某種磁場，或者是其他我們未知原因的影響。被催眠的人腦子在運作上已經癱瘓了，成為他所有無意識行為的奴隸，催眠師可以任意驅動。有意識的個性已經消逝了，意志與分辨能力全部被摧毀。於是，情感和思想都會朝向由催眠師決定的方向。

這就是從屬於群體的個體的大致狀況。他對自己的行為，已經不再具有有意識。在他身上，正如在被催眠者的身上，一部分的能力被摧毀了，另一些能力可以提升到極端激烈的境地。在暗示的影響下，個體受到不可抵禦的力量驅動去完成某些行為。在群體中，這種力量比起受到催眠更加不可抵禦，因為對於所有人來說，都受到同一個暗示指引，群體的互動性便會出現，還愈演愈烈。群體中，有些人個性強大到足以抵禦暗示，但他們數量太少了，會被人流帶著走。他們最多只能試圖借助於另一種暗示，讓群體產生分歧。一個恰到好處的詞，一個及時指出的意象，有時候可以阻止群體做出血腥的行為。

因此，有意識的人格消失，無意識的個性佔主導地位，透過暗示以及情感和思想的傳染，所有人朝向同一個方向，想要將暗示的想法立刻付諸實現，這些就是群體中個體的主要特徵。他已不再是自己，而是一個自動木偶，他的意志已經不再有能力去指揮。

僅僅由於從屬於某個群體，此人就在文明的階梯上一下子墜落了好幾格。孤立的時候，他可能是個有教養的人，在群體中卻成了服膺本能的人，也就成了野蠻人。他具有了原始人的自發性、暴力、殘忍，以及熱情和英勇。他很容易因一些詞語、一些意象而衝動，被導向一些會損害他最明顯利益的行為，就一點來看，他就更接近於原始人。群體中的個體是沙子中的一粒，可以被風隨意吹起。

因此，我們會看到，陪審團做出的一些評判是每一個評審單獨時都會反對的；而議會投票通過的一些法律或措施，議員在單獨時都會抵制。國民公會的成員們每個人分開時，都是些布爾喬亞，有著平和的作風。一旦聚合為群體，在一些領袖的影響下，會毫不猶豫地將一些明顯無辜的人送上斷頭臺；他們的種種做法完全有悖於自身利益，甚至放棄了免刑特權，自我放逐。

群體中的個體並非都是透過行動而變出不同於正常狀態下的自我。在失去所有的獨立之前，他的想法與情感就已經轉化了，那甚至可以將吝嗇鬼轉化為浪子，讓懷疑者成為信徒，守法者成為罪犯，懦弱者成為英雄。一七八九年八月四日的那個著名的晚上，貴族們在熱情的時刻投票通過決議，放棄所有特權；如果讓成員們一個個單獨表決，一定不會通過。

綜上所述，群體在智力上總是比個體更低。但從情感的角度，以及由它們所引起的行動來看，根據不同的處境，群體可以比個體更好或更壞。一切都取決於群體如何被暗示。那些僅僅從犯罪的角度去研究群體的作者們對這一點毫無所知。群體經常是罪犯，這一點可以肯定，但也經常是英雄。為了成功實現信仰或者理念，人們可以輕易地讓群體去受死。因此他們為了榮耀和榮譽而熱情滿懷，如東征的十字軍，帶著沒有麵包、沒有武器的群體前行，只是為了從異教徒那裡搶回基督之墓；或者像在一七九三年，人民挺身捍衛祖國的土地[3]。當然，這是有點無意識的英雄主義，但是，歷史正因如此的精神而寫就。假如，在講述人民的行動時，只能提到那些冷靜的、理性的偉大行為，那麼，在世界歷史大事紀上，將只有極少幾個事件值得書寫。

1 編注：國民公會（Convention nationale）是法國大革命時期的國會，成員包含各個階級的人士。

2 譯注：斯賓塞（Herbert Spencer，一八二〇至一九〇三年），英國著名哲學家、社會學家，因發展了「適者生存」的思想而被稱為「社會達爾文主義」之父。

3 編注：國民公會在處死路易十六之後，法國、西班牙、葡萄牙等各國加入反法同盟。法國則實行普遍徵兵制對抗各國。

第二章
群體的情感與道德

之一：群體的衝動性、流動性和易怒性／群體是一切外在刺激的玩物，折射出其不斷的變化／群體遵從的衝動勢不可擋，足以讓個人利益消失／群體身上，沒有任何事情是三思而行、事先考慮過的／種族的作用

之二：群體的可暗示性和輕信／群體對暗示的服從／群體腦海裡出現的意象，會被他們當成是事實／為什麼這些意象對於構成群體的所有個體來說都是差不多的／在一個群體中，學者和傻瓜是一樣的／群體中所有個體都會產生幻覺的各種例子／絕不能相信群體的證詞／許多眾口一詞的群體證詞，正好是最差的反例之一，不能成為還原事實的理由／歷史書的價值很小

之三：群體情感的誇大和簡單化／群體不知懷疑和不確定為何物，總是走極端／群體的情感總是過分的

之四：群體的不寬容、武斷和保守／這些情感的理由／面對強大的威

權，群體的奴性／群體一時興起的革命本能不能掩蓋他們其實是極其保守的人／群體本能上對變化和進步感到反感

之五：群體的道德性／比起個別成員的道德性，群體的道德性，根據暗示的不同，可以高出或低下許多／解釋與例子／群體的驅動因子很少是利益；利益是鼓勵個體的幾乎唯一誘因／群體的道德化作用

在上一章，我們以非常籠統的方式，指出了群體的主要特徵。我們現在來細細研究這些特徵。

群體的許多特殊特徵，如衝動、易怒、無法進行理性思考、缺乏批評精神和判斷、情感誇張過度，以及其他特徵，同樣可以在一些生物演變程度不高的生物身上看到，比如野人和兒童。我只是順便提到這一類似性。想要證明這一點，顯然超出了本書的範圍。何況，對於那些深知原始人心理的讀者來說，無須論證，而對於那些對此毫無所知的人，則多述也無益。

現在，我具體地、一個一個來看，在大多數群體那裡可以很容易觀察到的不同特徵。

一．群體的衝動、多變和易受刺激

我們在研究群體的普遍特徵時就已經提到，群體幾乎只受無意識的引導。群體的行為，更多是受到脊髓的影響，而非腦子的影響[1]。群體完成的行動，在執行層面可以是完美的，但是，由於不是由頭腦引導的，個體會根據隨機的刺激而行動。群體是所有外在刺激物的玩物，不斷反映著它們的各種變化。因此，群體就像奴隸一樣，受到自身的衝動所刺激。孤立的個體與群體中的人一樣，會受制於同樣的刺激物，但他的理性會告訴他，聽命於它們會帶來哪些壞處，所以可以不動心。心理學上，我們可以定義這一現象：**個體具有控制自己反應的能力，而群體則失去了這一能力**。

根據刺激來源的不同，群體所服膺的各種衝動中有慷慨、也有殘酷，也許是英勇或者幼稚。但是，無論哪種情形，衝動總是不可遏止，連自我保護的必要性也會在它們面前隱去。

能夠對群體產生暗示的刺激物多種多樣，而且群體總是受其驅使，所以非常多變。我們可以觀察到，群體可以在瞬間從血淋淋的殘忍樣貌，過渡到最絕對的慷慨或者英勇。群體很容易變成劊子手，但同樣容易成為殉道者。為了信仰的勝利，成河的血從群體的胸中流出。無須上溯到英雄時代，就可以看到，群體能有怎樣的壯舉。在一場暴動之中，群體可以毫不顧惜生命。就在幾十年前，還有一位將軍，突然受到了民眾的支持。他輕易地就聚集起十萬人馬，可以隨時為了他的事業而廝殺獻身[2]。

因此，群體手上沒有任何事情是預謀的。根據當時所受刺激的影響，他們可以輕易地在情感的琴鍵上從一頭滑向另一頭。他們就像暴風吹起的樹葉，向四方任意飄蕩，然後墜落。一些革命時期的群體研究，可以為我們提供一些例子，看出他們情感的多變。

群體的多變使得他們非常難以管理，尤其當一部分的公共權力落入他們手中之時。假如沒有日常生活的需求來產生隱形的調節作用，以平衡各種群眾事件，民主就會很難繼續存在。群體雖然會狂熱地要求得到一些東西，但並不會長久持續下去。他們既沒有能力思考，也沒有能力具有持久的意志。

群體並不只是衝動並且多變。與野人一樣，成員無法容忍在欲望和其實現之間有任何障礙物，尤其是當人數眾多的時候，他會覺得自己具有不可阻擋的力量。對一個身處群體之中的個體而言，「不可能」這一概念消失了。孤立的人很清楚，他無法憑一己之力燒掉一座宮殿、搶劫一處商場；因此，他腦子裡不會受到這樣的誘惑。一旦成為群體的一部分，他會意識到人數為他帶來的權力，只要有人發出殺戮和搶劫的暗示，便會馬上付諸行動。任何意想不到的障礙，都會被狂熱地碾碎。如果說，人體組織功能可以使人處於長久的憤怒，那麼我們可以說，受到阻礙的群體其正常狀態就是憤怒。

群體易受刺激、衝動、多變——我們後面還會研究其他的民眾情感——當中總是受到種族根本特徵的影響。它們構成了一個不變的地層，人們的情感從地層中萌芽。群體易受刺激、衝動，這個是肯定的，但在程度上卻有極大的不同。比方說，拉丁民族與盎格魯—薩克遜民族相比，這兩個群體的差別是非常明顯的。從近期我們歷史上一些事實來看，就能清楚說明這一點。一八七〇年，一份簡單的電報公布於眾，內容提到一則疑似發生的侮辱事件，於是激發了民眾的憤怒，一場可怕的戰爭馬上隨之而來[3]。幾年之後，在越南諒山地區一場無足輕重的敗仗，從電報傳來後，招致一波新的民怨爆發，政府應聲倒臺[4]。與此同時，遠征的英軍在喀土木吃了一次大敗仗，卻只在本國引起了小小震動，沒有任何一名大臣被撤換[5]。群體在哪兒都很女性化，但最女裡女氣的，莫過於拉丁民族。誰依賴拉丁民族群體，就可以爬得很高，升得很快，但這就像是身處塔爾皮亞岩石旁，有一天必定會從上面墜落下來[6]。

二・群體的可暗示性和輕信

我們提到，群體的普遍特徵之一是過於容易接受暗示。我們也說明了，一旦群體的聚集起來，一個暗示是會傳染的。這就可以解釋，為什麼情感可以很快轉向同一個明確的方向。

無論我們假設群體是多麼的中性，在大多情況下，他們都會處於期待狀態，很容易就接受暗示。一旦有人提出暗示，很快就會透過傳染傳到每一個大腦，馬上就確定方向。在接受了暗示的人當中，固定的執念隨時可以轉化為行動。無論是燒毀一座宮殿，還是去完成一項虔誠的工作，群體都會樂意去做。一切都取決於刺激物的性質，而不是如個體在孤立的狀態下，取決於被暗示的行動與理性因素的關係，後者可能會阻擋行動的實現。

因此，群體一直在無意識的邊緣徘徊，接受各種暗示，受到情感暴力的驅動而無法求助於理性去介入。他們缺乏批評精神，只會展現出極度的輕信。「不可能」對他們來說不存在。我們一定要認識到這一點，才能理解，為什麼會輕易出現一些十分離奇的傳說和故事，還到處流傳。[7]

群體間那麼容易傳來傳去的傳奇故事，之所以會出現，並不僅僅源於徹底的輕信，還因為在群聚個體的想像中，故事元素會有極大的變化。經過群體之眼，最簡單的事情馬上就變得大不相同。群體透過意象來思考，一個意象引出一系列意象，但前後可以毫無邏輯關係。我們很容易理解這種狀態。有時候，有人隨便提出事實，我們就被誘導生出一系列奇怪的想法。理性會告訴我們，這些意象前後不連貫也說不通，但群體看不到這一點。他們的想像力變化多端，能在事件上加油添醋，讓所有元素混淆在一起。群體無法將主觀因素從客觀因素中分離出來，於是把在腦海中出現的意象看成是真實的。其實在大多數情況下，這些意象與所觀察到的事實關聯非常遙遠。

按理來說，在群體的想像下，一個事件應該會變化成無以計數的版本，每個成員理解它們的方式也各不相同，因為每人性格皆不相同。但事實上完全不是。透過一系列的傳染，對於整個集體的所有個體來說，事件的各種變化版本都有同一種性質、同一種意義。成員看到的第一個變化版本，會構成整個傳染暗示的核心。據說，所有的十字軍東征戰士，都在耶路撒冷的牆上看到殉道者聖喬治。其實，周圍肯定只有一個人看到。透過暗示、心理傳染，這一奇蹟馬上就被所有人接受了。

歷史上出現過那麼多幻覺，就是這個運作機制造成的。它們看上具有成為事實的所有標準特徵，因為那些現象是成千上萬的人親眼看到的。

構成群體的個體，其本人的精神特質並不與這一原則相矛盾。個體的精神特質無關緊要，只要聚集成了群體，知識分子與無知者變得同樣沒有觀察能力。

這一說法可能會讓人覺得非常矛盾。要想證明這一點，需要挑出大量的歷史事件說明，即便是好幾冊書也不夠。

但是，我也不希望讓讀者有口說無憑的印象。所以，在此隨意列舉幾個例子。類似的例子可以舉出許許多多。

以下是最典型的事例，挑選自對群體產生影響的某個集體幻覺，此群體的成員有知識分子、也有無知者。海軍中尉朱利安・菲利克斯（Julien Félix）不經意把它記錄在他關於海流的著作中。

巡航艦「美雉號」在海上航行，試圖找回「搖籃號」小船，一場暴風雨讓它脫離了戰艦。當時正是白天，陽光燦爛。突然，瞭望的水手告訴大家，遠方出現一條迷失了航向的船隻。大家都朝那個點看去，所有人，包括軍官和水手，都清晰地看到一隻筏，被一些小艇拖曳著，筏上有好多人，而小艇閃著求救信號。海軍元帥戴弗賽派人登上一艘小船，去解救落難的人。在靠近的時候，小船上的水手和軍官們都看到「許多人伸出手、在那裡騷動，還聽到許多聲音混雜在一起，低沉作響」。眾人一到達所謂的船筏，卻只看到幾條樹枝，上面覆蓋著樹葉，是從附近海岸拔下的。面對觸手可及的明顯事實，幻覺消失了。

這個例子充分地展示了，我們所解釋的集體幻覺機制。一方面，群體本身帶有預期心理；另一方面，瞭望的水手告訴大家，前面出現的是一艘在海上迷失方向的船隻。這一暗示透過傳染之力，被所有在場的人集體接受了，包括軍官與水手。

群體的人數不用太多，就可以摧毀正確觀看的能力，讓真實的事實被不相關的幻覺所替代。幾個個體聚集在一起，就可以是群體，即便他們是傑出的學者，一旦面對超出於專業的主題，就具備了群體的所有特徵。他們每個人本身具有的觀察能力和批評精神都會消失。

達維（Davey）先生，頗有智慧的心理學家，為我們提供了一個耐人尋味的例子，被人轉述刊登在《心理學年鑒》（*Annales des sciences psychiques*）上，值得我們在此引用。達維先生邀請了一批傑出的觀察者，其中包括英國最一流的學者華萊士（Alfred Russel Wallace）先生。他讓他們仔細檢查了所用物品，並可在任何地方蓋上戳印。然後，當著眾人的面，達維展現了一些最經典的靈異現象，包括靈體現身、在石板上出現文字等。這些傑出的觀察者都寫下了報告，以證明他們觀察到的現象，透過超自然手段才能得到。然後達維在場公布實情，他不過只是運用了最普通的騙術。轉述此實驗的人寫道：「達維先生的實驗最令人詫異之處，不是那些花招有多麼的高明，而是那些外行見證人所寫的報告，有多麼的弱智。」他接著寫道：「因此，見證人可以寫出許多言之鑿鑿、但完全錯誤的報告。結果是，如果旁人認為這些描述是正確的，那麼他們所描繪的現象就不能解釋為騙術。達維先生發明的手法是如此簡單，讓人驚訝他居然有膽量使出來；但是，他對於群體的神智有如此巨大的影響力，能讓他們看到其實並沒有看到的東西。」這依然是催眠者對被催眠者的影響力。然而，當我們看到，操弄者對高智力的人施展這種能力時，後者一開始也都是持不肯輕信的態度。我們就不難想像，一般的群體是如何容易產生不實的幻覺。

類似的例子非常多。幾年前，報紙上報導了，有兩個小女孩淹死在塞納河、之後被撈出來。當時有十幾個目擊者以最確定的方式指認死者身分。大家的說法是如此一致，所以在法官的眼裡，沒有任何存疑的地方，於是他下令簽寫死亡證明書。但是，就在兩個女孩將下葬的時候，在完全偶然的情況下，人們發現，所謂的遇難者還好好地活著，而且與淹死的小女孩長得僅有一點點相像。如前面所說的許多例子，第一位證人出現了幻覺，但他的說詞就足以暗示其他所有人。

在這類情況下，暗示的起始點，大多是某個人因為一些模糊的遙遠記憶而出現的幻覺。然後，這一最初的幻覺，透過他人確證，再傳染出去。如果第一個證人很容易被誤導，只要在他指認的屍體身上有個特點，比方有一道傷口或化妝上的細節，就算毫無真正的相似之處，他還是可以聯想到另一個人。一旦有這種想法，它就會成為一個核心，啟動某種凝固過程，侵入整個認知空間，癱瘓一切批判能力。於是，觀察者所看到的，不再是對象本身，而是在他心理上喚起的形象。這就可以解釋為什麼即便是親生母親，在指認孩子屍體的時候，都會出錯。例如下面這個例子，它已經發生一段日子了，正好可以看出，我上面提到的兩種暗示是怎麼發揮作用：

有個孩子去指認出死去的那個孩子—但認錯了。接下來，就出現了一連串的錯認。

於是，大家就看到了一件非常奇特的事情。就在第二天，一位小學生認出了屍體是誰以後，有名女子尖叫道：「啊！上帝啊，是我的孩子啊！」人們把她帶到了屍體旁邊，她仔細察看身邊的遺物，看到額頭上有一道傷疤。她說：「就是他，是我可憐的兒子。七月份就不見了。原來是被人拐走了，殺害了！」

這位女子是福爾街上的門房，名字叫夏汪德萊夫人。她的小叔也被叫來了，他毫不猶豫地說：「就是他，可憐的小菲利貝爾。」許多福爾街上的居民，都認出他就是菲利貝爾・夏汪德萊。還包括他的小學老師，看到了一塊獎章，就證明是菲利貝爾本人所有。

可是，鄰居、小叔、小學老師和母親本人都弄錯了！六個星期之後，小孩的身分被確定了，他來自波爾多，在當地被殺害後運到巴黎。8

我們注意到，這種指認的工作往往都讓女人和孩子去做，也就是最容易被影響的人。如此便可說明，這樣的指認在法律上的價值究竟能有多大。尤其是孩子們的確認之詞，真的不應該被採證。法官們常說，這一年齡的人不會說謊，好像人所周知的事實。只要是稍微專業一點的心理學家，就可以告訴他們，正好相反，這一年齡的孩子幾乎常常說謊。無疑地，那些謊言是無心之過，但依然是謊言。一個被告究竟是否應該被判刑？面對這樣的事情時，與其如人們經常做的那樣，聽從一名孩子的證詞，還不如扔硬幣，看正面還是反面，來做出決定。

回過頭來講，我們可以得出結論，群體做出的觀察，是所有觀察中最容易出錯的，往往只是代表了某個人的幻覺，它透過傳染途徑，暗示了其他所有人。

有許多事實證明，群體的證詞不能輕信。在色當會戰[9]中，成千上萬的人都親眼看到了那次騎兵的衝鋒戰。但是，目擊者的證詞充滿各種矛盾，我們根本無法知道，究竟是誰指揮了這次戰鬥。英國將軍吳士禮爵士[10]在最近一本書中證實，有關滑鐵盧之戰[11]的一些最重要事實，其實有許多嚴重的錯誤。然而，當時又有成百上千的目擊者確認了這些事實[12]。

再次強調，所有這些例子都顯示群體證詞的價值究竟能有多大。在許多邏輯學的教材中，眾口一詞的證詞都被列入判斷事件準確性的最可靠證據之一。但是，我們從群體心理學的知識得知，教材的作者們在這一點有很大的誤解。大多數人觀察到的事件，往往反而是最可懷疑的。假如某個事實已經有成千上萬的目擊者看到，其實意思是，真正的事實跟人們接受的說法相去甚遠。

很清楚，從以上的例子可以看出，我們應當把歷史書看作是純想像的作品。有些事實沒有被完整地觀察到，在作者的虛構敘述下，外加一些後見之明，就變成歷史書。假如古人沒有為我們留下文學、藝術和建築作品，我們對事實將一無所知。一些在人類歷史上舉足輕重的人，如赫克力士[13]、佛陀、耶穌或者穆罕默德，關於他們的生平，哪一句話我們能確信是真的？事實上，他們的真正生活，對我們來說，並不很重要。讓群體感到震撼的，是一些神話傳奇的英雄，而非真實的偉人。

不幸的是，神話傳奇本身沒有恆常的穩定性。根據不同的時代背景，群眾憑著想像力不斷地改變它們，尤其是傳到不同的種族，就會改造成不同的版本。從《聖經》裡那個嗜血成性的耶和華，到聖女大德蘭[14]心中那個充滿愛的上帝，兩者的形象天差地遠。中國人崇拜的佛陀與印度人崇拜的釋迦牟尼，也已經沒有什麼共同之處。

甚至並不需要好幾個世紀的時間，群體的想像力就可以改變一個英雄的傳奇；有時候只需要幾年。我們今天就可以看到，歷史上最偉大的英雄之一——拿破崙，他的傳奇就在不到五十年的時間內，改變了多次。在波旁王朝時期，拿破崙成了一個抒情的、慈善的、自由的人物，是卑微人的朋友，照詩人們的說法，那些農舍裡的小人物一定會長久地記得他。三十年之後，這位善良的英雄成了一個雙手沾滿鮮血的獨裁者，竊取了自由與權力，為了實現自己的野心，不惜讓三百萬人戰死沙場。如今，傳奇還在變化。幾百年後，未來的學者們，面對這些充滿矛盾的敘述，也許會懷疑這位英雄是否真的存在過，就像我們有時會懷疑佛陀是否真的存在過一樣。他們會以為拿破崙的故事只是某種光輝的神話，或者是赫克力士傳奇的新版本。他們肯定更容易接受這樣一種不確定性，因為遠比我們今天更加瞭解群體心理學。他們會知道，能讓歷史使之永恆的，只有神話。

三．群體情感的誇張和過於簡單化

一個群體表現出來的情感，無論是好的還是壞的，都有雙重特點：既過於簡單化，又誇張。這一點與在其他方面一樣，群體中的個體跟原始人很像。他們不知何為細膩，只能看到一整塊東西，看不到中間的演變過程。在群體中，某種情感尤其變得更加誇張，因為經過暗示和傳染的管道，傳播得很快，群體的接受會大大加強它的力量。

群體的情感過於簡單和誇大，以至於他們不會產生懷疑，不會感到不確定。跟女人一樣，他們容易走極端。有懷疑一提出來，馬上會變成不容置疑的明顯事實。一個孤立個體感受到的一點反感或者反對意見，不會變得多強烈，但到了群體中的個體，馬上會變成滿滿的恨意。

群體情感的暴力性，會因為無須承擔責任而變得誇大，尤其是在異質的群體中。一旦知道自己必定不會受到懲罰，尤其是人多勢眾、法不責眾，群體就會做出孤立個體不可能做的行為，擁有孤立個體不可能有的情感。在群體中，蠢貨、無知者、嫉妒者，會擺脫自己的無能感和無力感，而代之以一種粗暴、暫時卻強大的力量。

不幸的是，群體所誇大的，往往是一些不好的情感。那些是原始人所遺留下的本能，在孤立、有責任心的個體身上，會因為害怕受到懲罰而有所顧忌。這就可以解釋，為什麼群體很容易做出最可怕、毫無節制的事情。

群體受到非常有技巧的暗示之後，可以做出英雄和忠誠的行為。他們會比孤立的個體更英勇、更忠誠。在研究群體的道德品性的時候，我們很快就可以再回頭討論這一點。

由於群體只會受到一些極端情感的影響，若有演說家想要誘惑他們，就需要動用最激烈、斷然的措辭。**誇張、獨斷、再三強調，永不試圖運用理性去證明什麼，這就是在民眾集會時，演說家最擅長使用的伎倆**。

群體還要求英雄們的情感也得如此誇大。他們身上能看到的品性和道德，層次必須更高。在劇院裡，群體要求戲劇主角具有在生活中從來都不可能有的德性、勇氣和道德。

人們講過，戲劇有其獨特視角，這個沒有問題，但是，它的規則往往與常識和邏輯無關。向群體發表演講，層次沒有那麼高級，但也需要完全特別的能力。有時候我們讀到一些劇本，很難理解它們為什麼會那麼走紅。一般來說，劇院經理在收到劇本時，也很難確定它們能否獲得成功，因為，要想能夠評判一齣戲，就必須讓自己變成群體[15]。假如我們進一步深入此論點，就會很容易證明，種族在其中發揮決定性的作用。在一個國家內受到群體巨大歡迎的戲劇，有時候到了另一個國家，觀眾會無動於衷，或者僅出於尊重和禮貌稍微讚賞，因為它沒有能夠啟動發條，讓新觀眾激動起來。

最後，我們無須補充說明，群體所誇大的成分僅限於情感，而不涉及智力。我已經在前面證明，只要個體處於群體之中，智力水準就會大大下降。塔爾德先生研究群體犯罪的時候，也看到了這一點。因此，僅僅在情感層面，群體可以上升得很高，也可以下降到很低。

四・群體的不寬容、專橫和保守

群體只懂過於簡單和極端的情感，所以有人以暗示傳達的意見、觀念和信仰，他們不是全盤接受，就是全盤否定，不是當作絕對真理，就是絕對的謬誤。若人受到暗示而投入信仰，就會有這種態度，因為那不是透過理性途徑產生的。每個人都知道，宗教信仰是如何不寬容，又如何專制地統治人的心靈。

群體一旦認為是真理或錯誤的事情，就不會再有任何懷疑。同時，群體又深知自己的強大，所以既不寬容，又很專橫。個體可以接受矛盾，接受討論，群體永遠都不接受。在公共集會中，演說家一點最細小的矛盾之處，都會馬上招致憤怒的叫喊聲和激烈的咒罵聲，只要演說家還堅持，就會被驅逐。假如沒有權力機構在場，讓人產生害怕，說話矛盾的人還有可能被凌遲處死。

不管是哪種類型的群體，都普遍有專橫和不寬容的態度，但程度會有所不同。這裡也會牽涉到種族這一根本性的概念，它主導了人們的情感和思想。專橫和不寬容的態度最常出現在拉丁民族的身上。它們可以非常強烈，甚至足以摧毀盎格魯－撒克遜民族強大的個體獨立感。拉丁民族只對自身群體的集體獨立性感興趣，它的特點就是，需要馬上、激烈地讓反對者接受他們的信念。就拉丁民族來看，自宗教裁判所的時期開始，各個時代的雅各賓黨人[16]一直都沒有能夠發展出更高層次的自由概念。

群體憑著專橫和不寬容構建出一些非常明確的情感，他們很容易接受、實踐這些情感。他們聽命於強權，對善良基本上無動於衷，因為那很容易被視為懦弱的表現。他們對於一些善良的主人從未有過好感，而對嚴厲統治他們的暴君服服帖帖。他們總是為暴君們豎起高高的雕像。如果他們有朝一日把被推翻的暴君踩在腳下，那是因為暴君一失去了力量，就會被歸為低下的人類，不需害怕。群體喜愛的英雄典型，總有凱撒的樣子。他的光彩充滿誘惑、威嚴讓人臣服、長劍讓人害怕。

群體面對脆弱的當局，隨時準備反抗，面對強大的當局，卻帶著奴性躬身彎腰。假如當局的威權時斷時續，那麼，總是遵循自己極端情感的群體，就會時不時地從無政府倒向奴性，又從奴性倒向無政府狀態。

若有人以為，主導群體的內在因素是其革命本能，那麼他一定不瞭解群體心理學。他們的暴力舉動讓我們產生這樣的幻覺。但反抗和破壞力的爆發，總是非常短暫。眾人一舉一動被無意識所決定，從而受到古老遺傳的影響，因此他們其實極其保守。一旦任憑群體隨波逐流，他們很快就會厭倦無序的狀態，本能地轉向奴性。最傲慢、最難對付的雅各賓黨人，一看到拿破崙使出鐵腕、廢除了所有自由權利，就馬上熱情地歡迎他。

假如我們不瞭解群體的本能在根本上是保守的，那麼就很難理解民眾的革命史。群體非常願意改變各種制度的名稱，有時候還為了實現這些改變而進行極其暴力的革命。但是，這些制度在本質上代表著種族遺傳下來的需求，所以，最終群體還是會回頭擁抱這些制度。他們不斷地提出革新，但僅僅體現在一些膚淺表面的事情。事實上，他們有著去不掉的保守本能，就像所有原始人一樣，對於傳統有著戀物癖一般的尊重，對於能夠真正改變他們生存方式的新生事物，卻有潛意識的恐懼。假如在一些機械（如蒸汽機、鐵路）發明出來的時期，社會上就已有現在這樣的民主力量，那麼這些發明就不可能實現；或者只有重複進行激烈的革命，才有可能實行。可幸的是，文明得以進步，是因為偉大的工業和科學發現業已完成之後，群體的主導地位才開始出現。

五．群體的道德品性

假如我們認為道德品性意味著，長期遵從一些社會規範，長久抑制自私自利之心，那麼很明顯，過於衝動、變化多端的群體，是不可能有道德品性的。但假如說，我們提的道德品性是一些暫時出現的特質，如自我克制、忠誠、無私、自我犧牲、追求公平，那麼相反地，群體有時會擁有非常高的道德品性。

研究過群體的少數幾個心理學家，只從犯罪行為的角度去看，而這些行為經常出現，所以他們就認為群體的道德水準非常低。

也許群體確實會經常展現出很低的道德水準。不過，這是為什麼呢？原因很簡單，殘暴的破壞本能在我們每一個人內心深處沉睡著，那是原始時代的遺留物。對於孤立的個體來說，滿足這些本能是危險的，然而，一旦被吸納到不需負責任的群體之中，因而絕對不會受到懲罰，那麼他就會放任自流，遵循這些本能。平時我們不能施展破壞本能，對付自己的同類，為了滿足欲望，就用在動物身上。狩獵的激情和群體的殘酷衍生自同一源頭。慢慢折磨一個毫無防衛能力的人，此群體當然展現出極其懦弱的殘忍。但是，對於哲學家來說，幾十個獵人圍在一起，看他們的獵犬如何將一隻可憐的鹿開膛來取樂，也是同一回事。

如果說，群體可以做出殺戮、焚燒以及其他各種罪行，那麼他們也可以做出許多自我犧牲、無私的行為，比孤立的個體更為高尚。群體尤其會去影響當中的個體，喚醒他的榮耀、榮譽，以及對信仰和祖國的情感。歷史上有無數的例子，類似於十字軍東征，或者一七九三年的志願者[17]。只有集體，才能做出忠誠而無私的偉大行為。有多少群體，為了自己根本不懂的信仰和思想而壯烈犧牲！群體的罷工，與其說是為了提高一點工資，毋寧說是聽從了命令。在群體中，個人利益很少是強大的動因，而對於孤立的個體來說，它幾乎構成了唯一的動因。群體捲入了那麼多的戰爭，肯定不是在個人利益的驅動下，大多數的戰爭是他們的智力無法理解的。他們就像雲雀一樣，被獵人的鏡子弄迷糊了，輕易地在這些戰爭中送命。

即便是最卑鄙的無賴，僅僅因為身處群體之中，有時候也會具有非常嚴格的道德標準。丹納[18]寫道，那些九月大屠殺[19]的屠戮者會自發地把受害者的錢包、首飾放到委員會的桌子上，其實他們很容易就可以私藏起來。那些在一八四八年革命[20]中蜂擁著、叫喊著佔領了杜樂麗宮的人，平時生活都很悲慘，卻沒有拿走一樣讓他們眼花繚亂的珍寶，其中任何一件，都可以換取好幾天的麵包。

個體因群體因素而變得更有道德，當然並非是恆定的規律。但是，不只在上述這些嚴重的事件中，在一些輕鬆的場合下，我們經常可以看到這一現象。我已經說過，在劇院裡，群體會要求戲劇主角有過於常人的品性，即便是非常低俗的觀眾，有時候也會變得一本正經。習慣尋歡作樂的人、皮條客、亂開玩笑的流氓，一看到舞臺上有傷風化的場面或是演員說出輕佻的臺詞，也都會嘟囔抱怨。雖然在平時他們的對話中，這些場面或臺詞可能都只是小菜一碟。

因此，平時經常受到低級本能驅使的群體，有時也可以做出崇高的道德行為。受到虛幻或者真實的理想而變得無私、忍讓而絕對忠誠，若這樣算得上有道德品性，那麼我們可以說，群體有時展現的品性，就連最睿智的哲學家也做不到。也許，他們是不帶意識地就擁有這些品性，但這又有什麼關係？假如群體經常理性思考，並遵循他們切身的利益考量，那麼，也許到現在為止，在我們地球表面上，都還沒有發展出任何文明，人類還沒有歷史。

1 譯注：脊髓連接腦子和身體。不受腦子影響而直接受脊髓影響，意指不經過腦子的思考而直接行動，類似於我們說做事情「不經大腦」。

2 譯注：指布朗熱將軍（Georges Boulanger，一八三七至一八九一年）。他畢業於法國聖西爾軍校，屢立軍功，在一八八〇年成為法國軍隊中最年輕的將軍，並於一八八六年成為法國戰爭部部長。他在軍隊進行的改革，以及他堅定的共和國理念，贏得許多人的擁戴。許多法國人認為他有能力為法國洗清敗給德國的恥辱。然而，他針對德國而採取的許多舉措為法國招來諸多麻煩，法國政府開始提防他。一八八七年的新政府不再任命他擔任戰爭部長，引起法國民族主義者的不滿，形成了擁護他的布朗熱運動。最後，法國政府判決布朗熱流放國外。一八九一年，布朗熱將軍在布魯塞爾殉情自盡，但在法國始終擁有大量的擁護者。作者在書中多次提到此人。

3 編注：一八七〇年，西班牙女王伊莎貝拉二世退位，西班牙政府想建請普魯士親王利奧波德接任，但法國反對。在討論此事的電報中，普魯士首相俾斯麥動了手腳，讓普法兩國人民覺得自己的政府被羞辱，最終導致第一次普法戰爭。

4 編注：一八八五年，法國與清朝因為越南問題開戰。法軍從諒山攻打廣西鎮南關失敗，消息傳回國內後，總理費茹理被迫下臺。

5 編注：十九世紀末，蘇丹反抗軍欲擺脫埃及的統治，而當時埃及為英國的保護國；一八八五年，反抗軍攻打英埃聯防的喀土木，在軍力優勢下攻破守軍並屠城。

6 譯注：塔爾皮亞岩石（Tarpeian Rock）位於羅馬卡皮托爾山上，是羅馬人行刑的地方，屍體被從上面拋下。

7 作者注：經歷了巴黎之圍的人，就目睹過許多類似的例子，看到群體如何輕信一些絕對不可能的事情。若有人在房子樓上點亮一支蠟燭，馬上會被認為是在向圍城的敵人發信號。其實只要思考兩秒鐘，就可以證明，絕對不可能在好幾里外看到這支蠟燭的微光。（編注：作者指的是一八七〇年普法戰爭時，普魯士圍攻巴黎的經過。）

8 作者注：《閃電報》（*Éclair*），一八九五年四月二十一日。

9 編注：色當會戰是一八七〇年普法戰爭的最關鍵的戰役，法軍大敗，皇帝拿破崙三世被俘。

10 譯注：吳士禮（Garnet Joseph Wolseley，一八三三至一九一三年），英國維多利亞時期陸軍元帥、總司令。因軍功而被封為爵士，曾參加第二次鴉片戰爭，火燒圓明園。

11 編注：滑鐵盧之戰發生於一八一五年，法國被反法聯盟擊敗，拿破崙一世被俘。

12 作者注：哪怕是一場戰役，我們能夠知道它究竟是怎麼進行的嗎？我很懷疑。知道誰勝了，誰敗了，可能僅此而已。索爾費利諾（Solferino）之戰的參與者、見證者達爾庫爾先生關於這次戰役所說的話，應該適用於所有戰役：「將軍們接到成百上千目擊者傳遞的資訊之後，再將正式報告轉給大家；負責下命令的軍官們將這些資料改上一改，寫出最終的計畫；參謀長不接受這一計畫，根據他手頭掌握的情況，重寫一遍。這一作戰計畫交到元帥的手中，他大喝一聲：『你們都弄錯了！』於是，他又做出新版的作戰計畫。跟最初的報告相比，已經面目全非。」達爾庫爾講述這一事實，是為了證明，就算是最引人注目、觀察得最清晰的事件，我們也無法找到真相。

13 譯注：赫克力士，希臘神話中最偉大的英雄，完成了十二項不可能完成的壯舉。

14 譯注：聖女大德蘭（Sainte Thérèse，一五一五至一五八二年）。基督教的歷史上出現了不少德蘭修女。這裡是指「阿維拉的德蘭」，也被稱為「基督的德蘭」，以其對基督的虔誠而著稱。

15 作者注：這就可以解釋，為什麼有些戲會獲得巨大的成功，明明它們被所有劇院經理拒絕，只能偶爾搬上舞臺演出。大家都知道科佩（François Coppée）先生的《花環之爭》（*Pour la couronne*），儘管作者很有名，卻被一流劇院的經理們拒絕了十年之久。而《夏萊的教母》（*La marraine de Charley*）一戲，是一名股票經理人自己出資上演的。它不斷被人拒絕，最後得以在法國上演兩百場，在英國上演逾千場。經由上面的解釋，才知道這是因為劇院經理們沒有能力將自己假設為群體一員。我們得以完全理解，為什麼這些內行、感興趣的人，深知自己不能犯下如此巨大的錯誤，卻會出現如此謬誤的判斷。

16 編注：雅各賓黨為法國大革命時的激進政治團體，作者在此用以指稱過激的群體。

17 譯注：一七九三年，為了彌補法國軍隊人員的缺失，法國招募了大量的志願者，成為軍隊的主要力量。主要來源是二十五至三十歲的青壯年。此舉大大加強了法國軍隊的人數，從一七九三年二月的二十萬，猛漲到一七九三年十二月的八十萬。這在當時是非常壯觀的。

18 譯注：伊波利特・丹納（Hippolyte Taine，一八二八至一八九三年），法國十九世紀最重要的哲學家、歷史學家。因傅雷翻譯的《藝術哲學》（*Philosophie de l'Art*）而為中國讀者所知。《當代法國的起源》（*Les Origines de la France Contemporaine*）以大量的筆墨研究法國大革命，對本書作者勒龐的影響很大。

19 編注：九月大屠殺發生於一七九三年法國大革命期間。法國民眾怕反法同盟攻入巴黎後會釋放囚犯，於是先行召集民眾屠殺囚犯。

20 編注：一八四八年，包括義大利、法國、普魯士、奧地利等國都爆發了民眾運動，撼動了各國保守勢力。

第三章 群體的觀念、推理和想像力

之一：群體的觀念／根本性的觀念，輔助性的觀念／相互矛盾的觀念如何可以同時存在／高深的觀念，必須經過改變，才能被群體接受／觀念的社會作用，與該觀念究竟包含多少的真理無關

之二：群體的推理／不能透過邏輯論證來影響群體／群體的邏輯論證總是非常低等／群體共有的觀念，只有表面上的相似性和連續性

之三：群體的想像／群體想像力的強大／群體是透過意象來思考，但意象之間沒有任何關聯／群體主要會對事物美妙的一面感到興奮／美妙和傳奇的事物支撐起了文明／民眾的想像力，一直都是政治家力量的基礎／能夠刺激群體想像力的事實是如何表現出來的

一・群體的觀念

我在上一部著作中[1]研究了理念對各個民族的演變有什麼影響力。我在著作中證明了一點：每個文明都產生於一小部分根本性的理念，而且這些理念很少被更新。我闡述了這些理念是如何在群體的靈魂之中站住腳跟；要進入群體的靈魂，是多麼地艱難，而一旦真的進入了，又是多麼的強大。我還闡述了，歷史上經常出現的一些重大亂象，是由於這些根本性的理念出現了變化。

這一主題，我已經闡釋得夠清晰，無須再費筆墨。我只會再談談群體可以接受的新理念，以及群體如何看待它們。

我們可以區分出兩種觀念類型。在前一種類型中，我們可以放進一些偶然、隨機的觀念，它們是在一時的影響下被創造出來的：比方說，人們對某人或者某教條的迷戀。在另外一個類型中，則是那些根本性的觀念，階級、遺傳、輿論等都給了這些觀念巨大的穩定性：如以前的宗教理念，或今天的民主和社會理念。

根本性的理念，我們可以比喻為一條緩緩流動的巨大河流；而臨時的觀念，則是小小的水波，總是在變化、在表面騷動，而且儘管沒有真正的重要性，卻比河流本身的運動還要顯眼。

今天，我們父執輩所經受的根本性理念，變得越來越飄搖不定，因此建立於上的制度，也深深地被撼動了。我剛剛提到，現在形成了許多過渡性的小觀念，但是它們很少能真正產生主流的影響力。

無論群體接受何種觀念暗示，這些觀念如果要有控制力，就必須以極其簡單的形式表達，而且以意象的形式，讓群體在腦子想像一番。在這些成了意象的理念之間，沒有任何邏輯上的類比關係，或者前後關聯。它們可以互相替換，就像魔燈[2]的玻璃片，它們原本疊放在一個盒子裡，變戲法的人將它們從盒子裡一一取出。因此，我們可以在群體中看到，一些最相互矛盾的觀念，可以在群體中相繼出現。根據當時的偶然條件，群體可以被一直儲存在腦子裡的觀念所影響，從而做出最風牛馬不相及的行為。他完全缺乏批判精神，無法看到矛盾之處。

其實，這不是群體特有的現象。在許多孤立的個體身上也可以看到。不光是那些原始人身上，還有所有相類似的人，他們精神上任何方面與原始人相近，例如具備強烈信仰的宗教人士。我在一些有教養的印度人身上，就看到這一現象。他們是我們歐洲的大學培養出來的，該有的文憑都有。在代代流傳、恆久不變的宗教或者社會觀念基底上，疊上了一層西方理念，與印度人沒有任何關係，也絲毫改變不了基底。根據各種偶然的條件，某個觀念層會出現，並帶著相應的話語體，同一個人，因此會展現出最顯著的矛盾性。這些矛盾大多是表面的，而非真的有衝突。因為在一個個體身上，只有遺傳下來的理念，才有足夠的力量，可以成為動機，真正影響他的行為方式。只有透過跨種族的通婚，受到不同的遺傳因素刺激影響時，他的行為才可能轉眼間變得非常矛盾。在此無需強調這些現象，儘管它們在心理上發揮明顯又重要的影響。我認為，需要至少十年的旅行和觀察，才可以理解它們。

觀念只有以極其簡單的形式表現，在此前提下，才可以被群體理解。所以，觀念要想為大眾所接受，就必須經過最徹底的改變。我們可以看到，如果涉及比較高深的哲學或科學觀念，就需要進行深度改造，才能一層一層地往下，直至能被群體理解的程度。這些改造主要取決於這些群體所歸屬的種族，但總體來說，總是要一步步更加簡單、更為簡化。因此，事實上，從社會的角度來看，觀念並沒有等級之分，也就是說，觀念不分高低貴賤。只要能為群體所理解、能夠感動群體，那麼，此觀念就已經被剝去幾乎所有的高度和偉大。

而且，某種觀念的高低價值並不重要，重要的是它帶來的效果。中世紀的基督教理念、十八世紀的民主思想、今天的社會理念，其實都不是太高級的觀念。從哲學上看，可以發現許多不堪一擊的謬誤。然而，它們過去的作用非常巨大，而且將繼續發揮影響力，成為國家行事的主要推動因素。

儘管為了讓群體理解，觀念已經被改頭換面，但只有在進入無意識、成為一種情感的時候，才開始產生作用。如何進入無意識並成為情感，我在之後會研究。這樣一種轉變，一般來說需要很長的時間。

另外，不要以為某種觀念能夠產生效果，是因為有些人，包括文化修養高的人，證明了它的正確性。這不難理解，只需看看，對於大多數人來說，就連最清晰的論證也幾乎產生不了影響。有教養的聽眾一開始還承認明顯的道理，但是很快地，他就會被自己的無意識拉回到他的原始認知。你過幾天再去看他，就又會拿出他原來的論據，重複完全一模一樣的說法。事實上，他原先的觀念已經成了情感，一直影響著他。只有這樣的觀念，才會影響我們的行為和話語背後的深層動機。

一旦某種觀念透過各種手段進入了群體的靈魂，它就擁有了一種不可抵抗的力量，可以造成一系列的後果。那些導致法國大革命的哲學觀念花了很長時才深入人的靈魂。一旦形成之後，那不可抵抗的力量就已為人所知。整個民族為了達成社會平等，實現抽象的權利和自由理念，結果讓所有的王座搖搖欲墜，深深撼動西方世界。在長達二十年的時間裡，人們相互殺戮。歐洲經歷的大屠殺，不亞於成吉思汗和帖木兒的時代。這讓我們無比清晰地看到，能夠改變情感方向的觀念，一旦掙脫了束縛，可以造成什麼樣的後果。

如果說，觀念需要花很長時間才能在群體的靈魂中站住腳跟，那麼要離開也需要花同樣長的時間。因此，就觀念而言，群體總是比學者和哲學家落後好幾代。今天，所有的政治家都知道，我在前面提到的一些觀念包含著多少謬誤，但由於它們的影響依然非常巨大，他們就必須根據這些原則來治理，儘管自己已經不再相信它們的正確性。

二・群體的推理

我們不能斬釘截鐵地說，群體無法受到推理所影響。但是，群體所運用的論據，以及對他們產生影響的論據，從邏輯的角度來看，層次都明顯地低，以至於我們只能說那只是看上去像推理而已。

與高層次的推理一樣，群體的低級推理也都建立在聯想之上，但是他們用以進行聯想的觀念，彼此之間只有表面的相似性或連續性。他們的聯想方式就像是某個愛斯基摩人會用的。基於經驗，他知道冰這樣種透明的東西，會在嘴裡化掉，於是就得出結論，像玻璃這樣透明的東西，也肯定會在嘴裡化掉。或者像某個野人，以為吃了勇敢敵人的心，就可以得到勇氣。或者像某個工人，因其被老闆剝削，就得出結論，天底下所有的老闆都是剝削者。

群體邏輯的特點就是：把不相似、只有表面關係的事物聯想起來；馬上將所有的個案當成普遍通則。那些知道如何操縱群體的演說者，總是會對聽眾灌輸這一類的聯想，如此才能影響他們。對於群體來說，根本無法理解一系列嚴謹的論證。正因如此，我們可以說群體不大會推理，或者總是進行錯誤的推理，而且不能被理性推理所影響。我們在看書的時候，會驚訝於一些演說內容是多麼地經不起推敲，卻對聽眾產生了巨大的影響。但我們忘記了一點，它們本來就是用來煽動群體，不是供哲學家閱讀的。演說者跟群體有私密的交流，知道要運用哪些可以誘惑群體的意象。假如成功了，他的目的就達到了。即便是長篇大論的雄文，也不如幾句感動的話，只要能成功誘惑那些需要說服的人。

群體沒有能力進行正確的推理，以至於毫無批判精神，沒有辨別真理和謬誤的能力，也沒有表達準確判斷的能力；這些無須再補充說明。他們擁有的判斷都是被強加上去的，從來都不是經過辯論後得出的。從這個角度來說，數量非常龐大的個體，都想辦法讓自己的觀點高於群體。有些觀點輕易就成為普遍結論，主要是因為，大多數人無法基於自己的推理去形成獨有的觀點。

三・群體的想像力

跟所有沒有邏輯推理能力的人一樣，群體在腦中重現事件的想像能力，可以達到匪夷所思的地步。一個人、一個事件、一個事故，在他們腦海裡喚起的意象，幾乎與當下發生一樣強烈。群體有點像睡著了的人，由於理性暫時被擱置了，便能在精神上產生強度極高的意象。不過只要一經思考，這些意象就很快會煙消雲散。群體既不會思考，也不會進行邏輯推理，不知道什麼叫不真實。而最不真實的事，往往是最能震撼人的。

也因如此，一些事件總有最美妙、最傳奇的一面，能讓群體感到震撼。事實上，真正支撐起文明的，就是美妙和傳奇的元素。在歷史上，表面事物一直都比事實發揮更重要的作用。非真實總是主導著真實。

由於群體只能透過意象來思考，只能被意象影響。只有意象能恫嚇或吸引他們，成為行動的動因。

這也是為什麼，戲劇表演總是對群眾產生重大的影響，因為它以最清晰的方式來表現意象。以前，對於羅馬的賤民來說，麵包和戲劇構成了理想的幸福元素。時代變更，但這一理想並無太大變化。沒有比一齣戲更能震撼群體的想像力了。整個劇院內所有人感受到同一種情感，但之所以沒有馬上轉變為行動，那是因為，即便是最無意識的觀眾，也知道他是幻覺的受害者，是因為一些假想的事情而歡笑、而哭泣。然而，有些時候，透過意象而暗示出的情感到了一定的強烈程度，就跟慣常的暗示一樣，就會趨向轉變為行動。人們津津樂道在某間民眾劇場發生的故事：演叛徒角色的那個演員離開劇場時，都要有人保護，否則觀眾會因憑空的罪行而憤怒，對他暴力相向。我覺得，這是群體精神狀態最有代表性的標誌，尤其說明群體可以如何輕易地被暗示。在他們眼裡，非真實幾乎與真實有同樣的重要性。他們明顯傾向於對兩者不加區分。

征服者的強大，以及國家的力量，都建立在民眾的想像力之上。只要對民眾的想像力施加影響，就可以帶動群體。所有歷史上的重大事件，佛教、基督教、伊斯蘭教的創立、宗教改革、法國大革命，以及今日社會主義帶有威脅性的侵入，都是群體想像力受到強烈影響，因而造成的直接或遙遠結果。

所以，任何時代、任何國家的偉大政治家，包括那些最徹底的獨裁者，都把民眾的想像力看作他們威權的有力支撐。他們在進行統治時，從來都沒有想過要違逆民眾的想像力。拿破崙對行政法院的法官們說，「我在旺代地區打贏了戰爭，因為我以天主教徒的身分領軍；成為穆斯林，我得以在埃及站穩腳跟；擁護教皇的絕對權力，我贏得了義大利教士們的擁戴。假如我需要統治猶太人，就一定會重建所羅門聖殿。」也許在亞歷山大大帝和凱撒之後，還沒有一個偉人像他那樣清楚理解，統治者必須撼動群體的想像力。拿破崙平常最關心的，就是如何震撼群體的想像力。他在獲勝的時候、高談闊論的時候、訓話的時候，在他的所有行為中，都想著這一點。就連在臨死前的病床上，都還在想著。

如何震撼群體的想像力？我們後面很快就會談到。現在就可以說的是，邏輯論證無法達成這個目的，它只能在智力和理性活動中發揮作用。安東尼[3]當時要鼓動民眾去反對殺害凱撒的人，無須淵博的修辭，只需向民眾念凱撒的遺囑，展示他的屍體。

所有能震撼群體想像力的事物，都是被表現為吸引人、清晰的意象，無需附加的解釋，只要伴隨一些美妙的事實：一次偉大的勝利、一個偉大的奇蹟、一次嚴重的罪行、一個偉大的希望。重要的是，介紹事情時要把它當成單一整體事件，而且永不指明其來源。一百個小罪行、一百個小事故，都絲毫不能震撼群體的想像力；而一個大的罪行、一次大的災難，就可以深深地震撼群體，即便其結果可能比一百個事故加起來的損失要小得多。巴黎的那次流感，在幾個星期內死掉了五千多人，民眾的想像力並沒有因之而被震撼。事實上，那是因為這起嚴重的死難災害沒有以明確的意象表現出來，而是體現為每週的統計數字。假如有一個災難，不是死掉五千人，而是五百人，且發生在一天之內，在一個公共廣場上，人人可以看得到，比方說艾菲爾鐵塔倒塌了，那將會對群體想像力產生巨大的影響。一艘穿越大西洋的郵輪失去了消息，人們認為是沉落大海了，整整一個星期內，群體的想像力被深深地震撼。然而，官方的統計告訴我們，就在那一年，有一千艘海船不知所終。這些接二連三發生的災害事件，儘管在人員傷亡和物資損失上，都要嚴重得多，卻沒有得到群體哪怕一刻的關注。

因此，並非事實本身震撼群體的想像力，而是群體如何在腦海裡再現這些事實。這些事實必須透過某種「濃縮加工」的機制——如果可以用這樣的比喻——製造出吸引人的意象，填滿人的腦袋，令人揮之不去。**掌握了震撼群體想像力之道，便是掌握了統治之道。**

---

1 譯注：《民族演變的心理法則》（*Les Lois Psychologiques de l'emporaine l'évolution des Peuples*），一八九四年。

2 譯者注：摩燈（Lanterne magique）發明於十七世紀，是投影儀、幻燈機的前身。其原理是將彩色的圖像畫在玻璃片上，透過蠟燭或者油燈，將影像投射出來。

3 編注：馬克・安東尼（Marcus Anthony，西元前八十三至三十年），羅馬政治家、凱撒的左右手。

第四章
群體信念的宗教形式

什麼構成了宗教情感／宗教情感獨立於對神靈的崇拜／宗教情感的特徵／帶有宗教形式的信念會變強大／不同的例子／民間的神靈從未消失／民間的神靈以何種形式重生／無神論的宗教形式／從歷史角度來看這些概念的重要性／宗教改革、聖巴特羅繆之屠[1]、大革命的恐怖時期，以及一切類似的時期，都是群體宗教情感的結果，而非孤立個體的意志所造成。

前面看到，群體是不做理性推理的。他們一股腦兒地接受或摒棄一種理念，不接受討論，不接受矛盾，對他們產生影響的種種暗示可以整個侵入他們的理解範圍，而且馬上就能轉化為行動。我們也證明，如果群體受到好的暗示，也可以隨時為所接收的某種理想犧牲。最後，我們還看到，群體只認可強烈、極端的情感。在群體身上，對某人的友善很快就變成崇拜，討厭很快就轉化為仇恨。從這些基本的特性來看，我們已經可以猜想到，群體的信念屬於什麼性質。

如果細細地考察群體的信念，無論是在宗教信仰普及的時代，還是政治暴動風起雲湧的時代，比如十八世紀的幾次大暴動，就可以看到，它們都具有一種特殊的形式。我想，最好的定義就是，這是一種宗教情感。

這種情感的特徵非常簡單：認為某人高人一等，崇拜他；認為他有力量，懼怕他；盲目服從他的號令；無法開放討論他定下的教條；有強烈的意願去傳播這些信條；傾向於將不願意接受這些信條的人都視為敵人。這樣一種情感適用於看不見的神、石造的偶像、英雄人物還有政治理念，且其本質都是宗教性的，同時具有超自然和奇蹟的效力。政治領袖成功地把政治口號變成絕對真理，群體則賦予領袖與口號一種神祕的能力。

說某人有宗教性，並不僅限於他崇拜某個神靈，也包括他將自己所有的精神心智、意志力、狂熱情感，都投入於一種事業或者服從一個人，任其成為自己情感和行為的目標和嚮導。

不寬容和狂熱必然伴隨宗教情感而來。這在宗教分子身上是不可避免的，他們認為自己擁有人間至福或永恆幸福的祕密。當隨便一種信念讓一個群體憤然站出來，就一定同時具備不寬容和狂熱這兩大特點。恐怖時期的雅各賓黨人與宗教裁判所時期的天主教信徒，具有同樣深層的宗教性。他們那些殘酷的熱情，來自同樣的源泉。

群體的信念，具備這些內在於宗教情感的各大特點：盲目的順從、粗暴的不寬容以及強烈的宣傳欲望。所以我們可以說，他們的所有信念，都具有宗教形式。對群體來說，受到他們歡呼的英雄是真正的神。在那十五年裡[2]，拿破崙就是神。沒有神靈比他擁有更為完美的信徒，更輕易地讓人去送死。無論是多神教裡的神靈，還是基督教的上帝，都未能像他那樣，對人的靈魂產生如此徹底、如帝國般的全面控制。

宗教或者政治信仰的奠基者之所以能夠創造出信條，就是知道如何讓群體接受這種激進的宗教情感，讓人覺得在崇拜中可以找到幸福，並驅使他為了自己的偶像而犧牲生命。任何時代都是這樣。菲斯泰爾．德．古朗士[3]在他那本佳作中指出，羅馬統治高盧的期間，帝國並非透過武力來維持政權，而是喚起人民的宗教崇拜。他說得非常有理：「世界史上找不到相似的例子，這個被民眾憎恨的體制，居然持續了五個世紀……人們無法解釋，僅僅依靠帝國的三十個軍團，就可以迫使上億人服從。」上億人之所以服從，是因為皇帝代表了帝國的偉大，全體人奉他為神靈。在帝國的任何一個小鎮，都有皇帝的神位。「在那個時代，無論在帝國哪一個地方，都出現了一種新的宗教，每個人都是信徒，其神靈就是皇帝本身。在基督元年之前幾年，代表整個高盧的六十座城邦，在里昂市附近，一同為奧古斯都皇帝建立神廟……裡面的祭司由高盧各個城邦共同選出，是社會最重要的人物……我們無法將此舉解釋為出於恐懼或者奴性。整個民族並不奴性，在長達三個世紀的時間裡，他們充滿血性。崇拜皇帝的，並非一些諂媚者，而是羅馬全體。不僅僅是羅馬，而是整個高盧，還有西班牙、希臘、亞洲。」

今天，大多數偉大的征服者都不再擁有神位，但他們有自己的雕像，或者畫像。人們對他們的崇拜，並不明顯亞於以前。我們只有深入瞭解這一群體心理學的根本點，才有可能理解一點歷史哲學：對於群體來說，領袖要麼成為神，要麼什麼也不是。

這些並不是已經被理性永久驅逐的舊時代迷信。在與理性的永恆鬥爭中，情感從未被打敗過。像神靈、宗教這些詞語，曾經長期壓制群體，所以他們不願再聽到。但是，一個世紀以來樹立起的雕像和神位，比以往任何一個時代都要多。比如以布朗熱主義為號召的民眾運動，就證明了一點：群體的宗教本能，是可以輕易地死灰復燃。沒有一個村莊的小酒館內，不掛上英雄的畫像。人們說他具備所有能力，可以剷除一切不公、一切罪惡，成千上萬的人願意為他赴死。假如他的性格，真的可以搭配上他的傳奇，就能夠在歷史上獲得多麼重要的位置啊！

因此，「群體需要宗教」，這種說法極其無用、平庸。政治信念、神聖信念和社會信念，只有在具備了宗教的形式之後，才能在群體身上安家落戶，因為這樣可以讓信念免於辯論。無神論之所以能夠被群體接受，是因為它具備了宗教情感所具備的種種不寬容和狂熱，而且以外在形式來看，無神論很快就變成一種崇拜。實證主義小圈子的演變過程，為我們提供了一個很有趣的例子。杜斯妥也夫斯基為我們深刻地講述了虛無主義者的故事，實證主義者就像主角一樣。忽一日，他被理性之光照亮，於是毀掉了他小禮拜堂中所有裝飾祭壇的神靈和聖人畫像，吹滅了所有的蠟燭。他一分鐘的時間也不浪費，馬上用幾本無神論哲學家的著作，來換掉被毀掉的畫像，然後再虔誠地點燃蠟燭。他的宗教信物改變了，但是，他的宗教情感，我們真的可以說也改變了嗎？

我再次重複一遍，若要想理解一些歷史事件，尤其是最重要的那些大事，就必須理解，群體的信念，最終具有什麼樣的宗教形式。許多社會現象，需要的不是博物學研究，而是心理學家的研究。我們偉大的歷史學家丹納只是以博物學家的角度去考察法國大革命，因此根本就沒有能夠找到事件的真正發生原因。他充分地考察了事實，但是，由於沒有深入群體的心理，這位著名的學者一直都沒有追溯到事件的原因。他被血腥的事實、兇殘的無政府狀態嚇壞了，認為在這一偉大史詩中的英雄們，只是一群患了癲癇病的野蠻人，毫無顧忌地、聽任自己本能去施虐他人。在殘暴、殺戮的大革命中，參與者渴望大肆宣傳，對所有國王的宣戰。只有一種角度才能解釋這種現象，那就是，必須把大革命的起因看作是，群體的靈魂中出現了新的宗教信仰。宗教改革、聖巴特羅繆之屠、宗教戰爭、宗教裁判所，以及大革命的恐怖時期，都是同一種現象。它們之所以出現在歷史上，就是在宗教情感的暗示下所促成。這種情感必定導致武裝行動，人們要剷除一切障礙，讓新的宗教信仰得以生長。在宗教裁判所和恐怖時期，群體的所做所為，都是堅信自己正確無比。如果他們採取了其他做法，就不是自信正確的人了。

包括上述列舉的事件，類似的動盪局勢之所以會發生，皆因群體的靈魂鼓動而成。最絕對的暴君，也沒有能力掀起此類波瀾。有些歷史學家認為，聖巴特羅繆之屠是出於國王一人所為。他們既對群體的心理無知，也對國王的心理無知。類似的狂熱作為只會出自民眾的靈魂。最獨裁的君主手上有最絕對的權力，也只能加速或稍稍推遲這一時刻的到來。聖巴特羅繆之屠、宗教戰爭，均非國王所為，正如恐怖時期也並非羅伯斯比爾、丹東或聖茹斯特[4]造成的。在類似的事件背後，我們總能看到群體的靈魂。

---

1 編注：聖巴特羅繆之屠（Massacre de la Saint-Barthélemy）發生於一五七二年，隸屬天主教陣營的法王查理九世為了剷除新教勢力，下令屠殺巴黎的各個新教領袖，最後演變成上萬人的大屠殺。

2 編注：拿破崙在一七九九年發動霧月政變，成為法國第一執政；最後於一八一五年滑鐵盧之戰後被流放，結束政治生命。

3 譯注：古朗士（Fustel de Coulanges，一八三〇至一八八九年），法國十九世紀著名歷史學家，著有《古代城邦》（*La Cité antique*），《法國古代政治制度史》（*Histoire des Institutions Politiques de l'Ancienne France*）等，對後世影響很大。尤為重要的是，他研究宗教的社會作用，被視為社會學的先驅。涂爾幹的博士論文即題獻給他。

編注：喬治·布朗熱（Georges Boulanger，一八三七至一八九一年），法國將軍、民族主義者。

4 編注：羅伯斯比爾（Maximilien de Robespierre，一七五八至一七九四年）、丹東（Georges Jacques Danton，一七五九至一七九四年）、聖茹斯特（Louis-Antoine de Saint-Just，一七六七至一七九四年）都是恐怖統治時期的政治領袖，被反對者推翻後上了斷頭臺。

第二篇
群體的意見和信仰

第五章 群體意見和信仰的遙遠成因

群體信仰的預備性成因／群體信仰的形成是預先準備的結果／對信仰諸多成因的研究

之一：種族／種族具有主導的影響力／種族代表了祖先的暗示

之二：傳統／傳統總合了種族的靈魂／傳統的社會重要性／傳統在有用之後，變得有害

之三：時間／時間提供信仰的形成，然後造成信仰的毀壞

之四：政治與社會制度／錯誤認識這些制度的作用／它們的影響是非常小的／它們是果，而非因／人民不會選擇對他們來說最好的制度／制度只是一個標籤，在相同的名字下，隱藏著大相徑庭的東西／制度如何被建立／對一些民族來說，有些從理論上講是不好的制度，也有必要性，如中央集權

之五：教學和教育／教育對群體的影響，當今有諸多錯誤認識／統計學

指數／拉丁教育的去道德化作用／教育可以發揮的作用／不同民族提供的例子

我們在上篇研究了群體的心理結構，知道了他們的感知方式、思維方式和邏輯推理方式。現在我們來考察一下，他們的意見和信仰是如何產生並建立起來的。

決定這些意見和信仰的因素有兩類：遙遠的成因，以及即時的成因。

遙遠的因素使得群體可以確信某些事物，而拒絕接受另一些。這些遙遠的因素準備好了背景條件，可以讓人突然看到一些新觀念的出現，它們的力量與後果都令人驚訝，然而表面上卻顯得像自發產生。從一些群體身上看來，一些觀念突然爆發，突然令人付諸行動，那其實只是表面的效果，在其後面，必定可以找到長久的醞釀準備工作。

在這些準備工作之上才是即時因素，沒有經過長期醞釀，就無法產生效應，無法說服群體、觸發行動，觀念就無法落實，任其恣睢，帶來種種後果。在這些即時因素的推動下，若出現一些重要決定，群體就會突然間揭竿而起。透過它們，出現一次暴動，或者決定一場罷工。透過它們，龐大佔優勢的多數人把某人推向權力高峰，或者讓政府下臺。

在歷史上所有重大事件中，我們都可以看到這兩類因素的相繼作用。僅僅以最令人震驚的法國大革命為例，從遙遠成因來看，包括許多作者批評時政、舊政權的種種倒行逆施等。經過如此醞釀，群體靈魂後來就很容易被一些即時因素激發起憤怒，比如激情的演講，或是反對王室一些無關緊要的改革。

在所有遙遠的成因中，我們可以看到一些最普遍的，群體的所有信仰和意見中都可以找到，也就是種族、傳統、時間、制度以及教育。我們分別來看一下，每一個成因的重點。

一．種族

種族這一因素，必須放在第一位，因為僅它本身就遠遠比其他所有因素都重要。我們已經在前一部著作中充分研究了這一點，因此，無須在此展開太多討論。我們說明過了，歷史上的種族是什麼，而且一旦種族的性格形成之後，它的信仰、制度、藝術、話語等文明的所有因素，都成為種族靈魂的外在表達。種族的影響力如此之大，以至於，沒有一種元素可以從一個民族轉到另一個民族而不經受最深刻的變化。[1]

階層、背景、事件，都代表著一時的社會暗示。它們可以產生重要的作用，但假如與種族的暗示相悖，那麼，都只能在當下發揮暫時的作用。種族意味著祖先傳承下來的整體內涵。

在本書的不少章節，我們還會講到種族的影響，並證明，這一影響是如此重要，可以主導群體靈魂的特殊個性。正因如此，各個不同國家的信仰和行為，都會顯示出明顯不同之處，不會以同樣的方式受到影響。

二・傳統

傳統代表了過去的思想、需求和情感。它們是種族的整體總合，並以其所有的重量，壓在我們身上。胚胎學已經證明，人的過去在其演化過程中發揮巨大作用。從此以後，生物學就改變了。當這種概念推廣的範圍越大，歷史學也將大大改變。但目前還不夠普及，許多政治家還停留在十八世紀理論家的一些想法上，以為一個社會可以與它的過去徹底決裂，並在理性之光的引導下，建立起全新的社會。

一個民族，是由過去創造出來的有機體。與所有的有機體一樣，只能透過遺傳因素的緩慢積累，才可以自我改變。

真正引導民族的，就是它的傳統。而且，正如我已經說了無數次，會輕易變化的，只是傳統的外在形式。沒有傳統，也就沒有民族的靈魂，任何一種文明都不可能存在。

因此，自從人類存在以來，人所從事的兩大工作就是，先創造出自成一體的傳統，然後當它們不再有益處之後再毀掉。沒有穩定的傳統，就沒有文明；若無法緩慢消滅這些傳統，就沒有進步。難的是在穩定性和變化性之間，找到一個恰到好處的均衡，此工作艱鉅困難。當一個民族任由風俗在一代一代人當中過於牢固地扎根，它就不會演變了，就變得跟中國一樣，不再能夠自我改進與成長。粗暴的革命本身也變得沒有用，因為其結果就是，要麼鏈子斷裂後的碎片很快又銜接在一起，過去得以回歸，什麼變化也沒有，要麼，四分五裂的碎片產生出無政府狀態，並很快導致墮落。

因此，一個民族的首要基本任務，必須是保留過去的制度，再一步一步地改變。這是一個困難的任務。古代的羅馬人、近代的英國人，幾乎是唯一能夠完成此任務的。

傳統思想最頑固的保守分子，最固執地違逆變化潮流的，恰恰是群體。尤其某個類型的群體，也就是形成階級的那群人。我曾經強調過這一保守精神，並證明了，許多反抗行動，最後只改變了一些表面說法。在上世紀末，教堂被毀、教士被驅逐或者上了斷頭臺，天主教被打壓。人們以為，古老的宗教思想已經失去了所有權力；然而，只過了幾年，在大眾全面的呼籲下，被廢除的宗教崇拜就又重新建立了起來。[2]

沒有更好的例子，可以說明傳統對群體靈魂所產生的力量。廟宇裡擺放的偶像，不是最可怕的，宮殿裡住著的暴君，不是最獨裁的。人們可以非常容易地摧毀廟宇和宮殿。在我們的靈魂中，具有統治地位、看不見的主人，才是任何努力都無法摧毀的。只有在一個世紀、一個世紀的長時間磨損下，才會慢慢讓位。

三・時間

正如生物問題一樣，社會問題中最有能量的動因，就是時間。它是真正的創造者，也是偉大的毀滅者。是時間用沙礫聚成高山，將地質時代隱祕的細胞昇華成尊貴的人。無論想改變什麼現象，只需要有幾個世紀時間的介入。人們有充分理由可以說，即便是一隻螞蟻，只要有足夠的時間，也可以剷平白朗峰。一個人要是有魔法，可以任意改變時間，那麼，他擁有的力量，堪比信徒們心中的神。

但我們在此只關注時間對群體意見產生的影響。從這一角度來看，它的作用更加巨大。一些偉大的力量都從屬於它，比如種族，沒有時間，就無法形成。它讓一切信仰演變、消亡。透過時間，信仰獲得力量，同樣，由於時間，信仰失去力量。

時間準備好，群體的意見和信仰就能形成，也就是提供環境背景，讓它們可以發芽。在某一時期可以實現的想法，到了另一個時代，就無法實現。大量殘存的信仰和思想聚集在時間裡，在它們之上，誕生出一個時代的觀念。一個時代的觀念並非隨機誕生、貿然出現。它們根扎在長長的過去之中。當觀念開花，是時間準備了它們的綻放；總是需要往前追溯，才可以見到觀念的起源。觀念是過去之女、未來之母，總是時間之奴。

因此，時間是我們真正的主人。只要聽任時間產生作用，就可以看到一切事情的改變。今天，我們非常擔憂群體想追求一些威脅性的目標，將會帶來破壞和動盪。時間會重建平衡。正如拉維斯先生[3]所說：「沒有一種體制是在一天內建成的。政治與社會的組織，是一件需要好幾個世紀的工作。在好幾個世紀當中，封建制都處於無形、混沌的狀態中，之後統治者才找到了規則；在找到明確的規範與治理手段之前，絕對君主制也存在了好幾個世紀。在那些等待的時期內，出現了多次巨大的動盪。」

四・政治和社會制度

有一種想法，認為制度可以彌補社會的缺陷，民眾的進步源自憲法和政府的完善，社會可以透過法令，得到一步步的改進。我說過，這樣一種想法，現在還非常普遍。法國大革命以此作為出發點，當今的社會理論也從中找到支撐點。

就算累積持續不斷的經驗，也沒有能夠撼動這一可怕的虛幻想法。哲學家、歷史學家試圖證明這一想法的荒謬，卻都是徒勞。然而，他們很容易就證明了，制度是觀念、情感和風俗的產物。改變一些規則，並無法改變觀念、情感和風俗。一個民族，並不能任意選擇它的制度，正如它不能任意選擇眼睛或頭髮的顏色。制度和政府都是種族的產物。它們不是時代的創造者，而是時代的創造物。一個民族接受治理，不是根據他們一時的想法，而是他們的性格所要求的。有時候，需要好幾個世紀，才能建立起一個體制，需要好幾個世紀，才能夠改變它。制度沒有任何內在的作用，它們本身無所謂好壞。在特定時期，對一個特定的民族來說是好的制度，對另一個民族來說，可能是極其糟糕的。

因此，一個民族根本不具備真正改變它制度的力量。它當然可以透過激烈的革命，改變制度的叫法，但其本質是不變的。叫法只是一些徒勞的標籤。對事物真正意義感興趣的歷史學家，無需考慮叫法。因此，比方說，世界上最民主的國家是英國[4]，但它卻是君主立憲制，而南美一些西班牙語系的共和國，有著共和國的憲法，獨裁統治的情形卻最嚴重。民族的性格，而非政府，決定了他們的命運。我在上一部著作中借用一些非常典型的例子，闡述了這一真理。

因此，浪費時間去制定什麼憲法法令，是一種幼稚的行為，一種無用的修辭學練習。現實的必要性，以及時間，會推動人們去制定憲法，只要讓這兩個因素發揮作用。偉大的歷史學家麥考利[5]在書中指出，所有拉丁民族國家的政治家都應當記住一點，英國人就是這樣做的。他解釋道，一些法律，從純粹理性的角度去看，是荒謬的、矛盾的、混沌的，卻能發揮好的效果。他列舉了十幾部憲法，它們在歐洲和美洲的拉丁民族變革中已消亡。他指出，與英國的憲法相比，後者只是緩慢地改變，而且是一部分一部分改，每次改，都是出於即時的需求，從來都不是純思辨推理的結果。「永遠都不擔心是否對稱，而去擔心是否有用；永遠不要僅僅因為一樣東西不符合標準而去除它；永遠不要創新，除非感到不適，那時再去創新不遲，而且創新到消除不適，即適可而止；除了要彌補的特例，永遠不要提出一項更普遍的條款；從約翰王到維多利亞時代，我們兩百五十屆議會的決議，都是在這些原則的普遍引導下做出的。」

逐個去看每個民族的法律和憲法，就能證明，它們往往都表達出種族的需求，比較出於這一原因，不能劇烈改變它們。比方說，我們可以寫出長長的哲學論文，比較中央集權的好處與壞處。但是，由不同種族構成的某個民族，花費了一千年的時間，才漸漸地達成中央集權；一場偉大的革命，其目的是要打破所有過去的制度，最終人民也被迫尊重中央集權的必要性，甚至要求權力更為集中。因此，我們可以得出結論，這麼做完全是出於必要性，是該民族的存在條件。我們不禁嘆息，那些口口聲聲要破除中央集權的政治家們，能夠產生的思想影響，是多麼的微弱。假如，出於偶然，他們的意見成功實現，那麼，嚴重的無政府狀態即將出現[6]，它會帶來新的中央集權，比原先的更為強大。

綜上所述，不能到制度中去找能夠深刻影響群體靈魂的手段。有些國家，比如美國，在民主制度中得到了美好的繁榮，而其他一些國家，比如南美洲的西班牙語系國家，雖有完全類似的制度，卻在最可怕的無政府狀態中沉浮。某些國家強大、另一些國家墮落，其內在因素都不是制度。民眾被治理的方式，始終是取決於自己性格。不是依照性格塑造出來的制度，都只是借來的外衣、過渡性的假扮。當然，血腥的戰爭、劇烈的革命，都已經發生，而且還會繼續。人們不斷強化制度，以為它們具有創造幸福的超自然能力。因此，從某種意義上講，制度可以對群體的靈魂產生作用，因為它們能夠帶來類似的變革。但是，我們知道，事實上，無論是成功了，還是失敗了，它們本身是沒有任何功效的。試圖掌握制度的主動權，其實就是在追逐一種幻覺。

五・教學和教育

在今日時代具有主流地位的眾多思想中，有種觀念一定排在前頭：教育能讓人成長，甚至讓人人平等。人們總是講了又講，光是如此，這一說法已經成為最不可撼動的民主教條之一。現在要想碰它，就好比以前想碰教會。

但是，就這一點來看，和其他很多面向一樣，民主觀念與心理學和經驗的資料深深地不契合。許多傑出的哲學家，尤其是赫伯特・斯賓塞，很輕鬆就證明了，教育既不讓人變得更道德，也不讓人更幸福。教育並不改變人的本能和遺傳下來的激情，一旦不好好引導，不僅無用，反而有害得多。統計學家們證明了這一點，數據顯示，隨著教育的普及——至少是某方面的教育——犯罪率不減反增。社會最壞的敵人、無政府主義者，經常曾是學校的頂尖學生。著名的法官阿道爾夫・吉佑（Adolphe Guillot）指出，現在有三千名有知識的犯罪分子，一千名無知識的犯罪分子。他還指出，五十年來，犯罪率從原來的每十萬人中兩百二十七人，變成了每十萬人中有五百五十二人，也就是增長了百分之一百三十三。他與同事們還指出，犯罪率的增長，主要是落在年輕人，他們原來只是各行各業的學徒，現在進入了免費的學校。

也許，教育引導得好，就算不能帶來非常實際的效果、不能提升道德，至少可以發展職業技能；但這一點沒人確定，也沒有人抱持這主張。不幸的是，拉丁民族，尤其是三十餘年來，將他們的教育體系建立在非常錯誤的原則之上。儘管有傑出人士不斷指出問題，人們還是在可悲的錯誤中前行。我本人透過幾本著作[7]指出，在現今的教育體制下，我們將一大部分受教者改造成社會的敵人，而且招收的許多學生，都贊同最糟糕的那種社會主義。

這種教育的首要危險是——人們很正確地稱之為拉丁式教育——建立在一個心理學的根本錯誤之上：以為背誦教材，就可以發展智力。據此，人們就想盡可能地灌輸知識；從小學到博士或者大學教師資格考試，年輕學子只知道將書本背誦得滾瓜爛熟，從不培養其判斷能力和主動性。在教學上，主要依靠背書、服從。國民公共教育部的前部長儒勒・西蒙（Jules Simon）這樣寫道：「學習課程、背語法規則或者數學演算法，好好跟讀、好好模仿，這就是我們所說的愉快教育……一切的努力都是信仰行為，以服從老師不可辯駁的尊嚴。最後我們只會被削弱，變得無能為力。」

這樣一種教育如果只是無用就算了，我們頂多就是可憐那些不幸的孩子：有那麼多必要的事物可學，人們卻偏偏要教他們記住克羅泰爾子孫們的家族譜系[8]、紐斯特里亞和奧斯特拉西亞之間的一場場鬥爭[9]，或者如何去區分動物的各種類別。但是，它其實會造成更大的危險，那就是讓受教者從此對他的出生環境產生強烈的厭惡，於是強烈渴望走出原來環境。工人不再願意繼續做工人、農民不願再做農民、剩下的布爾喬亞覺得自己的兒子只剩下一種工作機會，就是成為國家的公務員。學校不去教學生如何準備把生活過好，只為了公部門職位做準備，而這些工作要做好，不需要任何創意之光。在社會階層的最底層，學校製造出一大批不滿意自己命運的無產階級，他們隨時準備反叛。在社會階層的上層，學校製造出那些輕浮的布爾喬亞，既是懷疑論者，又是堅信者。他們信任神聖的國家，有如迷信般沉浸其中，同時又不斷地反對國家，總是將自己的錯誤歸咎於政府，但若沒有上級的介入，又什麼也做不成。

國家透過各種教材，製造出那麼多有文憑的人。卻又只能雇用其中的一小部分人，自然會讓其他人失業。所以，國家只能養前一批人，卻讓後一批人成為自己的敵人。在整個社會的金字塔，從上往下，有文憑的人今天都在搶奪各種職位。一個做批發的商人，很難找到經理人可以到殖民地國家去代表他，而每當有一個哪怕最低微的官方職位，總有成千上萬的人去求職。光是一個塞納省，就有兩萬名教師沒有工作。他們都瞧不起農村，瞧不起作坊，只有向國家伸手要錢活命。由於幸運者總是少數，不滿的人自然很多。這些人可以加入任何革命，不管領袖是誰，是為了何種目的。一直吸收無用的知識，只會將人變為反叛者[10]。

要想改變這一潮流，肯定是為時已晚。惟有經驗——民族最終的教育者——可以讓我們看到自己的錯誤。惟有經驗，可以證明，我們必須扔掉那些可惡的教材，廢除那些可悲的考試，去開展職業教育，讓年輕人回到如今業已荒蕪的田野、被遺棄的作坊和殖民地事業。

如今所有的有識之士都在呼籲，要著重職業教育，那正是我們父執輩所接受過的，也是現今世界上所有強勢民族以意志、創新力和開拓精神加以保留的。丹納在一些精彩的片段中，清晰地指出，我們以前的教育，大致就是現在英國或者美國的教育，他精采比較了拉丁體系和英美體系，讓人清晰地看到了兩種方式所造成的不同結果。後面我會引用他提到的主要內容。

假如表面上獲得這麼多知識，完美背誦這麼多的教材，可以提高智力水準，那麼，我們也許還可以接受我們古典教育的所有缺點，既然它只是製造一些落伍的人、不滿的人。但是，這一教育真的可以提高人的智力水準嗎？可惜啊，做不到！**判斷力、經驗、開拓性、個性，所有這些成功生活所必須的條件，都不是在書中可以學到的**。書籍是一些可以查閱的有用詞典，但是，在腦子裡儲存那麼多的碎片，絕對是沒有用處的。

職業教育如何可以發展智力，以一種古典教育完全不具備的方式？丹納在以下的文字中闡述得很明白：

思想只有在自然、正常的環境中才會形成，能夠讓思想萌芽的，是無數的感覺印象，年輕人在作坊、礦場、法庭、研究場所、工地、醫院，在各種工具、材質和操作的環境中，獲得這些印象。有顧客、工人在場，能看到工作場景、看到工作的結果是好是壞，是否花費巨大成本、還有獲利：正是透過眼睛、耳朵、手，甚至嗅覺等細小、特殊的感知，無意中收集到、不知不覺地建立起來的知識，在他身上組織起來，或早或晚地在他腦中暗示出新的組合、簡化方式、結構、改善方法或者發明。年輕的法國人如今得不到這些珍貴的資源，沒有接觸到所有這些好用、不可或缺的元素，而且正好是在最善於吸收的年齡：在長達七到八年的時間當中，他被關在學校裡，遠離直接的、個體的經驗，而正是那樣的經驗，才可以給他關於事物與人準確而生動的概念，教會他處理事務的不同方式。

至少十分之九的人浪費了他們的時間和付出，浪費了生命中的好多年，而且是有學習效率、重要、甚至決定性的一段歲月：先來算一算那些去參加考試的人中，有一半或者三分之二的人最後被淘汰；然後，在考上、升級、獲得證書、獲得文憑的人中還有一半，或者三分之二，都是疲勞過度的人。人們對他們要求太高，要求他們在某一天，坐在一張椅子上，或者一塊黑板前，針對一類學術問題，在長達兩個小時的時間裡，成為所有人類知識活生生的儲存庫。事實上，這一天，在兩小時內，他們確實做到了，或者大致做到了。但是，一個月之後，他們就做不到了。他們已經無法再度接受考試。他們獲得的知識太多了、太沉重了，不斷地滑出他們的腦海，無法再接受新的知識了。他們的智力不再那麼敏銳，善於吸收的知識泉水已經枯竭。造就好的人從學校裡出來了。經常，他們已經是不可救藥的人。他規規矩矩、結婚成家，滿足於在圈子裡混，而且總是在同一個圈子，萎縮在他小小的辦公室裡。他規規矩矩地完成工作，僅限於此。這就是平均他能得到的回報。可以肯定的是，收支並不平衡。在英國或者美國，或者在一七九八年前的法國，人們採取相反的辦法，獲得的回報相等於支出，或者高於支出。

這位傑出的歷史學家接下來為我們指出法國人體系與英國人體系的差別。在英國人那裡，教育不源自書本，而是來自事物本身。比方說，工程師在工廠、而不是在學校獲得教育，每個人都能夠恰好達到，他的智力所允許能達成的級別。假如他不能繼續成才，就成為工人或者領班；假如他的能力允許，就能成為工程師。對於社會來說，這樣的做法民主得多、有用得多，而不是讓人的前途完全取決於在他十八歲或者二十歲時一次幾小時考試的結果。

在醫院、礦場、手工作坊，在建築師、法律工作者那裡，學生們很小的時候就被錄用，學習知識與實習。有點我們像法律機構的書記員，或者畫室裡的年輕畫匠。在此之前，在開始職場學習之前，他已經學到了一些概述性的普通課程，已獲得一些整體框架，可以放入他之後觀察到的知識。然而，更常見的是，他在自己的自由時間內，有一些技術性課程可以聽取，將自己每天積累的經驗慢慢地加以綜合。在這樣一種體制下，實踐能力可以不斷增長、發展。一直增長到學生能力所能達到的程度，並且朝著他未來的工作要求發展，他可以從一開始就去適應他想要從事的特殊工作。在英國和美國，以這樣一種方式，年輕人很快就從身上找到自己所擁有的東西。從二十五歲起，而且甚至更早，假如物質條件和資本都允許的話，他就不僅僅成了有用的實踐者，而且有自己的創業能力，他不僅僅是齒輪，而且還是發動機。在法國，盛行的是相反的方法，而且一代比一代更加接近中國方式。我們浪費掉的力量是巨大的。

最後，我們這位偉大哲學家得出了以下的結論，認為在我們的拉丁教育和生活之間有越來越不協調的傾向：

在教育的三個階段：孩童、少年、青年，人們坐在椅子上透過書本學習理論知識和教科書知識，時間加長了，份量上超過負荷了，目的就是考試、升級，拿到學位和證書。僅僅是為了這些，就透過最糟糕的手段，實施一種反自然、反社會的體制，透過人工的訓練、機械式的灌輸，加重學生負擔。無視之後的時代變化，以及他成年、完成學業後將要從事的費力事務。完全無視之後這一年輕人將要墜入的真實世界，沒有讓他適應或者事先就屈服周邊世界，以及各種人與人之間的衝突。他如想捍衛自我，或者保持挺立，就必須事先有所鍛煉、有所準備、有足夠的彈藥，足夠堅強。這一必備的裝備，比任何其他學習內容都重要，這種堅強的意志和精神，我們的學校都不提供給他。一切做法都是相反。不僅不為他提供準備，反而讓他手無寸鐵面對接下來的、決定性的環境，無力還擊。由此，他進入世界，在實際行動場所走的頭幾步，經常都是一系列痛苦的沉淪；他因此身心受到摧殘，長時間處於沮喪，有時候長期失能。這是一種粗暴而危險的考驗；道德與精神的平衡遭到破壞，甚至恐怕不再能夠重建；幻滅開始，粗暴又徹底地襲來。他們感到強烈失望，就像遇上龐大的厄運。11

在前面幾頁討論中，我們是否偏離了群體心理的主題？當然沒有。為了理解那些今天在群體身上萌芽、明天將會綻放的思想和信仰，我們必須知道，土壤是如何培養的。國家為年輕人提供的教育，在某種程度上可以讓人預測到它的命運，從現今年輕人的教育來看，那些悲觀的預感顯得非常有道理。群體的靈魂有一部分是隨著教育和教化而完善或者淪喪，所以，必須展示當今的體系是如何塑造群體的靈魂，展示一大批本來無所謂、中立的人，如何漸漸地成為大批不滿的人，隨時可以接受烏托邦主義者和演說家的所有暗示。學校今天在培養著不滿的人、無政府主義者，準備將拉丁民族帶往墮落時代。

1 作者注：這一說法還是全新的，沒有它，歷史又是完全不可理解的。所以，在我的書《民族演變的心理法則》中，我用了好幾個章節來說明這一點。讀者可以看到，儘管有許多騙人的表象，但是，從一個民族進入另一個民族的時候，沒有一樣文明元素，比如語言、宗教或藝術，可以保存得完好無損。

2 作者注：丹納引用了原國民公會成員福爾克洛瓦（Antoine FranÇois, comte de Fourcroy，一七五五至一八〇九年）的報告，從這一角度看，事情講得非常清楚：「我們到處看到，在星期天的禮拜日，教堂裡有眾多的人。這證明了，法國的民眾希望回到以前的做法。全民族的這種傾向，現在已經無法阻擋了……」「大部分人需要宗教，需要崇拜，需要教士。一些現代哲學家犯了錯誤，我有一陣子也被他們迷惑。他們認為，有足夠全面的教育，就能摧毀宗教的偏見。其實，對於大多數不幸的人來說，宗教偏見是安慰的源泉。……因此，應當將教士、祭壇和崇拜，還給大多數民眾。」

3 譯注：恩斯特・拉維斯（Ernest Lavisse，一八四二至一九二二年），法國十九世紀歷史學家，強調實證主義研究。他撰寫了許多歷史教材，風靡法國。當時所有法國小學生都知道他的名言：「汝需愛法蘭西，因自然使其美麗，歷史使其偉大。」

4 作者注：即便是在美國，最為激進的共和黨人，也承認這一點。美國的一家報紙《論壇報》，就表達了這一確定的看法。我引用一八九四年十二月的《評論之評論》（*Review of reviews*），其中是這樣說的：「我們永遠都不能忘記，即便是擁護貴族制度的激烈敵人也承認，今天，英國是寰宇最民主的國家。在英國，個體權利受到最大的尊重，個體具有最大的自由。」

5 譯注：湯瑪斯・巴賓頓・麥考利（Thomas Babington Macaulay，一八〇〇至一八五九年），英國十九世紀政治家、歷史學家、詩人、法律專家。在他去世以後一年，法國著名政治家弗朗索瓦・基佐（FranÇois Guizot，一七八七至一八七四年）之子紀堯姆（Guillaume）翻譯了他的著作，對法國產生很大影響。

6 作者注：有人將法蘭西分為不同部分，在宗教和政治上有深刻分歧，這主要出於種族因素。在大革命時期顯示出來的法國種種分裂傾向，到了普法戰爭後期再次出現。假如我們把這些因素放在一起看，就會發現，我們領土上依然存在著的不同種族，遠遠還沒有融合在一起。大革命帶來有力的中央集權，人為地設立了一些省份，來混合原來的舊省，肯定是最有用的措施。今天，有那麼多沒有遠見的人在提去除中央集權，假設真的可以做到，它馬上就會導致最血腥的分歧狀態。不意識到這一點，就是對我們歷史的徹底忘卻。

7 作者注：參閱《社會主義心理學》，第七版，以及《教育心理學》，第十四版。

8 譯注：克羅泰爾（Clotaire）一世創立了法蘭克王國的墨洛溫王朝。

9 譯注：紐斯特里亞（Neustrie），位於今天法國的西北部，西元六八七年，被納入奧斯特拉西亞（Austrasie，位於今天法國的東部），兩者也被稱為西法蘭克王國和東法蘭克王國。西元七五一年，奧斯特拉西亞被納入大法蘭克王國。墨洛溫王朝滅亡，進入加洛林王朝時代。

10 作者注：其實，這並非拉丁民族獨有的特殊現象，中國也是這樣。這個國家由一群穩定的官吏統治，要想成為官吏，必須通過考試，其中唯一的考核標準，就是要把厚厚的教材倒背如流。大批無法找到職位的文人，在今天的中國已經成為真正的國家災難。印度也是這樣。英國人在那裡辦了學，卻不是像在英國本土一樣進行真正的教育，而是教化當地的原住民。於是形成了一種特殊的文人階層，叫「印度紳士」（Baboo），這些人一旦找不到職位，就成為英國當局最難協調的敵人。

這些「印度紳士」，無論是否找得到工作，受到教化的頭一個後果，就是道德水準大大降低。我在拙著《印度的文明》（*Les Civilisations de l'Inde*）一書中，非常強調這一點。所有到過印度半島的作者們，對此均有提及。

11 丹納，《現代體制》（*Le Regime moderne*），第二卷，一八九四年。以上的文字，幾乎就是丹納一生最後的文字。它們充分地概括了他長期經驗的結晶。教育是我們唯一能夠對民族靈魂產生一點影響的手段。非常令人悲傷的是，在法國，幾乎無人能夠理解，我們當今的教育構成了多麼可怕的墮落元素。教育非但不能讓年輕人昇華，反而讓他沉淪、變態。

第六章
群體意見的即時成因

之一：意象、詞語和口號／詞語和口號的魔幻力量／詞語的力量與其喚起的意象有關，但與真實的涵義無關／這些意象在每個時代、每個不同的民族中是不同的／詞語會過時／幾個常用詞的意義產生巨大變化的例子／為古老的事物賦予新的名字，具有政治作用，假如這些名字可以對群體產生巨大影響的話／根據種族的不同，詞語的意義會不同／「民主」一詞在歐洲和美國的不同意義。

之二：幻想／幻想的重要性／在所有文明的基礎上，都有著幻想／幻想的社會必要性／群體總是喜愛幻想，甚於喜愛真理

之三：經驗／惟有經驗，才可以在群體的靈魂中建立起必要的真理，摧毀變得危險的幻想／經驗只有在不斷重複的條件下，才可以發揮作用／為了說服群體，必須付出經驗方面的代價

之四：理性／理性對群體沒有影響／只有透過影響群體的無意識情感，才能影響群體／在歷史上，邏輯的作用／不可思議事件的祕密原因。

我們剛剛探尋了那些遙遠的、準備在未來發揮作用的因素，它們使得群體的靈魂具備了特殊的接收性能，群體身上有些情感、有些思想，因此可以綻放開來。現在我們需要去考察那些能夠產生即時作用的因素，然後，在接下來一章中，我們來看看，如何操縱這些因素，才可以產生出最大的效果。

我們在第一篇中探討了集體的情感、觀念和推理邏輯。瞭解以上因素後，必定能以普遍的方式提供一些手段來影響群體的靈魂。我們已經知道，哪些事物最能夠刺激群體想像力，如暗示的力量，以及心理傳染，尤其是以意象的形式。但是，各種可能的暗示都來自不同的源頭，所以，對群體的靈魂能夠產生影響的因素也可以是非常不同的。因此，需要將它們分開來進行考察。群體有點像古代寓言中的斯芬克斯（Sphinx）：我們必須能夠解決他們呈現出的心理問題，否則就必須接受命運，被他們吞吃掉。

一．意象、詞語和口號

在研究群體的想像力時，我們已經發現，他們主要是被意象所刺激。假如我們手頭並不總是有這些意象，那麼，使用巧妙的詞語和口號，也可以喚起這些意象。詞語和口號一經藝術性的操縱使用，真的會具有神祕力量，就如以前相信魔法的人所賦予的魔力。它們在眾人的靈魂中掀起驚濤駭浪，同時也知道如何讓他們平靜如水。詞語和口號的破壞力之強，如果我們用那些受害者的屍骨蓋金字塔，將可以建得比胡夫金字塔還要高。

詞語的力量與它們所喚起的意象相關，且完全獨立於本來真正的意義。那些最被胡亂定義的詞語，反而有時候更能產生效果。比方說以下這些詞：民主、社會主義、平等、自由等等。這些詞的含義是如此的模糊，再厚的書本也無法定義清楚。然而，有種真正魔法般的力量與短促音節緊緊聯繫在一起，彷彿它們蘊含著能夠解決所有問題的方案。它們概括了各種不同的、無意識的追求，以及實現這些追求的希望。

理性和論證，面對一些詞語和口號，是無能為力的。在群體面前，講者虔誠地說出這些詞語，馬上，聽者的臉上充滿了尊敬，額頭低垂下來。很多人把這些詞語、口號視為大自然的力量，是超自然的能量。它們在群體的靈魂中喚起偉大、模糊的意象，但正是那種將它們隱藏起來的模糊性，增添了它們神祕的力量。我們可以將它們與隱藏在神龕裡的可怕神靈相比較；一個虔誠的信徒靠近時，是會渾身發抖的。

由詞語喚起的意象是獨立於它們的意義，所以，在同一個口號之下，意象隨著時代而變化，從一個民族傳到另一個民族，也會變化。有些意象會暫時附在一些詞語上；詞語只不過是讓它們顯現出來的呼叫按鈕。

並不是所有的詞語和口號，都有喚起意象的能力。有些在喚起一定的意象之後，就變得陳舊，不能在人的腦海中再喚醒任何東西。於是，它們就變成了空洞的聲音，其主要的功用，就是讓使用的人不再需要思考。年輕時學到的一些口號和老生常談，只需要小小累積在心中，就可以伴隨整個人生，不必再累人地進行思考。

如果我們去看特定的語言，就可以看到，組成它的詞語在時代的變遷過程中緩慢地演變。但是，它們喚起的意象，或者人們所賦予的意義，卻總是在變。這就是為什麼，在另一部著作中，我得出了這樣一個結論：若要準確翻譯某種語言，尤其是那些已經逝去的民族語言，完全是不可能的。事實上，當我們用法語來替代拉丁語、希臘語或者梵語的某個詞，或者甚至試圖理解一本幾個世紀以前用我們自己的語言寫成的書，我們究竟在做什麼呢？現代生活在我們智力中喚起某些意象和想法，我們不過是拿它們去替代那些完全不同的概念和意象，後者是古代生活所喚起的，當時的人受到完全不同的生存條件所制約。大革命時期的人，以為自己模仿了希臘人和羅馬人，其實只不過是賦予古代詞語本身從未有過的意義。在古代人的制度，與我們今天用同樣詞語命名的制度之間，能有什麼樣的相同之處？當時的共和國是什麼？其實就是完全貴族性的制度，由一批小暴君構成，統治著一群群完全服從於他們的奴隸。這些區域性的貴族制是建立在奴隸制度之上的。沒有了奴隸制，它們一刻都無法存在。

還有，「自由」一詞，過去與我們今天的理解有何相似之處。過往的時代，根本就沒有人想到過什麼自由思想，畢竟討論神靈、城邦的法律和風俗是罕見的行為，因為那可是犯了大罪。「祖國」一詞，在一個雅典人或者斯巴達人身上，意味著對雅典或者斯巴達的崇拜，而根本不是對希臘的崇拜，因為其組成的城邦相互敵對、總是在打仗。同一個詞「祖國」，在古老的高盧人身上，又是什麼含義？那時的高盧人被分為敵對的部落，種族、語言和宗教都不相同。凱撒輕鬆地佔領了高盧，就是因為他總能在高盧人的內部找到自己的同盟。只有羅馬，才給了高盧一個祖國，因為它統一了政治和宗教。我們無須追溯到這麼久遠，只需要向後退不到兩個世紀，看看人們如何相信同一個詞「祖國」。法國當時的親王們，以孔岱大親王[1]為例，他會擁有與今日一樣的概念？當時他可是與外國結盟，來對抗自己的君主。同樣一個詞，在大革命時期流亡國外的貴族身上，跟今天的現代意義也完全不同。他們想像自己遵循了榮譽的原則，所以跟法國打仗。其實，他們只是按照自己的觀點，因為封建法律是把封臣連結到領主，而不是與領地連結；領主在哪裡指揮，那才是真正的祖國。

有許多這樣的詞，其意義在不同的時代，出現了深刻的變化。我們只有在做出了很大的努力之後，才能按照當時的意義去理解。我們也都確實知道，需要讀許多書，才能夠理解在曾祖輩身上一些詞彙究竟意味著什麼，如說「國王」、「王室」。更遑論一些複雜的詞了。

因此，詞語只具有流動的、過渡性的意義，從一個時代到另一個時代、一個民族到另一個民族，意義都會產生變化。當我們希望透過詞語來影響群體時，必須知道，在特定的期間內，該詞語對於群體的意思，並不是它們以前有過的意義，也不是心理結構不同的個體所賦予的意義。詞語如思想，是有生命的。

因此，一旦群體在經歷了政治動盪、經歷了信仰改變之後，開始對一些詞語喚起的意象表現出深深的反感，那麼，真正的政治家其首要任務，就是去改變這些詞。當然，他不需去觸及事物的本身。事物緊密地連著代代相傳的結構，是無法改變的。敏銳的托克維爾[2]指出，督政府和帝國所做的工作，主要是用一些新詞，去裝扮過去的大部分制度，也就是說把一些詞換掉，它們在人們想像中能喚起極其糟糕的意象，而替代的詞語夠新，不會喚起類似意象。地租變成了土地稅，鹽賦變成了鹽稅，扶助金變成了間接貢獻和權利混合稅，行業管理稅變成了營業稅等等，不一而足。

因此，政治家的主要職能之一，就是重新命名，在以前名字之下被群體憎恨的事物，改以受歡迎的、或者至少是中性的詞。詞語的力量是如此之大，只需要一些選擇得當的詞語，就可以讓人接受最可惡的事情。丹納正確地指出，雅各賓黨人正是用了像自由、博愛這樣當時非常受歡迎的詞，「得以建立起堪與達荷美王國[3]相比的專制，與宗教裁判所相似的法庭，與古墨西哥相似的屠殺獻祭」。統治者的藝術，正如律師的藝術，就是要能夠善於用詞。這是高難度的藝術，因為，在同一個社會中，同樣的詞，在大多數情況下，對於不同的社會階層來說，意義是不同的。他們表面上用了同樣的詞，其實說的不是同一種語言。

在此前的例子中，我們把時間看作是詞語意義發生改變的主要因素。假如我們把種族也列入考量的因素，就會看到，在不同種族構成的民族身上，即使同處一個時代、文明發展程度相等，同樣的詞所對應的，經常是完全不同的想法。這些不同之處，假如沒有大量的旅行經驗，是無法理解的，所以我不在此強調，而僅於指出一點：正是一些最經常被運用的詞，從一個民族轉到另一個民族，會擁有最為不同的意義。比方說，今天用得如此普遍的「民主」和「社會主義」二詞。

事實上，它們在拉丁民族的靈魂中，跟在英美人的靈魂中，所對應的思想和意象，是完全相對立的。在拉丁民族那裡，民主主要意味著個人的意志和能動性在國家意志前面消亡。國家被要求要擔負所有事情的發展，去集中、壟斷、製造一切。所有的政黨，毫無例外地向國家求助，無論是激進派、社會黨，還是君主主義者。在盎格魯—撒克遜人身上，尤其是美國人，同樣一個詞「民主」，意義正好相反，是指個體和個體意志的強烈發展，國家自動隱去，除了員警、軍隊和外交關係以外，國家什麼也不領導，甚至連教育也不管。因此，對於這兩個不同的民族，同樣一個詞，有著完全對立的意義[4]。

二・幻想

從文明的曙光開始，人類就一直受到幻想的影響。他們為能夠製造幻想的人建起了最多的廟宇、雕塑和祭壇。以前是宗教幻想，現在是哲學和社會幻想。在人類歷史上相繼開花結果的文明，總有那麼一些偉大的幻想在引領人。正是以它們的名義，建起了迦勒底[5]和埃及的神廟，以及中世紀的宗教紀念建築。歐洲在一個世紀以前，也因此而遭遇重大動盪。我們的藝術、政治和社會觀念，無不帶上它們強烈的印記。人們有時可能以暴力、動盪為代價，推翻一些幻想，但是似乎早晚還是需要幻想。沒有幻想，人走不出原始的野蠻時代；幻想不斷消失，人們將很快再次回到野蠻時代。也許，它們只是一些幻影，但是，正是我們夢想的產物，刺激人們創造所有的輝煌藝術和偉大文明。

「假如我們在博物館、圖書館裡摧毀所有受到宗教啟發而產生的藝術品，讓那些紀念性建築在教堂前的石板地上轟然倒下，那麼，人類偉大的夢想還剩下什麼？」一位作者如此寫道，他概括了我們的信條：「神靈、英雄和詩人的存在理由，就是給人帶來希望和幻想，人沒有它們就無法生存。在某個時期，科學顯得可以完成這一職責。但是，對於那些總是對理想產生饑渴的人來說，科學已經不夠用了。因為科學不敢許諾太多，又不會撒太多的謊。」

十八世紀的哲學家致力於摧毀我們父執輩在好幾個世紀裡賴以生存的宗教、政治和社會幻想。摧毀的同時，也讓希望和順從的源頭變得枯竭。在這些被送進墳墓的幻想後面，他們看到的，是自然的盲目力量，致使弱者無力抗拒，且不知憐憫為何物。

儘管有了很大的進步，哲學還是未能為人民帶來可以沉入迷戀的東西。他們就本能地、像飛蛾撲火一樣，湧向巧舌如簧的演說家，因為幻想不可或缺，而那些人可以為他們表述幻想。人民演變的偉大動因，從來都不是真理，而是謬誤。社會主義在今天之所以力量不斷壯大，就是因為它構成了唯一鮮活的幻想。科學證據無法阻止它的步伐。社會主義有如此的力量，就是因為捍衛它的人，完全無視事物的現實、敢於大膽地向人們許諾幸福。社會主義的幻想，如今就建立在過去堆積起來的所有廢墟之上，未來是屬於它的。群體從未渴望真理。面對那些令人不適的明顯真相，他們轉過身去，將謬誤神化，只要能用來誘惑他們。誰能夠帶來幻想，就很容易成為他們的主人；誰若是試圖讓他們幻滅，便會成為他們的犧牲品。

三・經驗

經驗幾乎是唯一有效手段，可以在群體的靈魂中穩定地建立起真理，並摧毀變得過於危險的幻想。但是，它必須在很大範圍內實現、且經常重複出現。一代人的經驗，往往對下一代來說，並無用處，也正因如此，拿出一些歷史事件作為論證的元素，並無太大用處。它們的唯一用處是證明，經驗是多麼需要一代一代地重複，才能產生一些影響，並成功地撼動牢固已久的謬誤。

我們所處的世紀，以及前一個世紀，也許未來的歷史學家會視為具有奇怪經驗的時代。在任何一個時代，都沒有那麼多新嘗試的經驗。

最大的經驗，就是法國大革命。為了去證明我們不能依靠純理性的指導，去重頭建立全新的社會，竟然需要在二十年中屠殺幾百萬人，動搖整個歐洲。為了透過實驗去證明，受到民眾歡呼的「凱撒」，會給社會帶來巨大的代價，在五十年內，竟然出現了兩次毀滅性的經驗，而且儘管結果已經那麼明顯，卻好像依然還是不夠具有說服力。第一次是三百萬人死亡的代價，以及一次外國入侵；第二次讓社會解體，顯示了國家常備軍的必要性[6]。幾年前，法國差一點嘗試了第三次經驗。今後也肯定還會繼續。為了證明德國軍隊並非如我們在一八七〇年前接受的教育所說，只是毫無威脅的國民自衛隊[7]，居然需要一場戰爭，讓我們付出了巨大代價。為了承認，貿易保護主義最終會讓所有採納它的民族經濟崩潰，我們將會需要多次災難性的經驗。此類例子，不勝枚舉。

四・理性

要列舉各種影響群體靈魂的因素，可以不提到理性。但是，我們有必要提到在它影響下的負面價值。

我們已經證明，群體是不受邏輯推理影響的，他們只理解一些粗淺的聯想。因此，那些知道如何影響人心的演說家們總是求助於人民的情感，從不求助於理性。

理性邏輯的法則，對於群體發揮不了作用[8]。為了戰勝群體，首先必須意識到他們是被什麼樣子的情感所驅動，然後假裝認同這些情感，再透過最基本的聯想手段，喚起一些暗示的意象，試著去改變這些情感。在需要的時候也懂得回到原點，尤其是每一刻都要猜測產生了什麼新的情感。說話的時候，一定要根據當時產生的效果而及時改變內容，但如此一來，一切精心準備、研究詳盡的演講都變得毫無用處。一個順著自己的思路走、而非順著聽眾思路走的演說家，僅僅因為這一點，就會沒有任何影響力。

那些習慣於嚴密推理、具有邏輯思維能力的人，在跟群體演講時，總是禁不住要使用周詳的說服手段，但總是驚訝地發現，這樣做沒有任何效果。一位邏輯學家這樣寫道：「建立在三段論基礎上的嚴密推理結果，也就是建立在同一性關聯基礎之上的推理結果，是必要的……其必要性甚至連無機體都會贊同，只要它能跟得上同一性關聯。」也許吧，但群體並不比無機體更跟得上同一性關聯，甚至根本就不聽。比方說，可以去試一試，用邏輯推理去說服原始人、野蠻人或者孩子，你就會發現，這樣的論證方式幾乎沒有價值。

甚至無須追溯到原始人，我們就可以看到，與情感起衝突的時候，理性推理完全無能為力。我們只需要想一想，在好幾個世紀當中，宗教迷信是多麼頑固，與最簡單的邏輯相悖。在幾乎兩千年的時間內，最明智的天才也在迷信法則之前屈服，一直要等到現代，才對這些迷信的真實性產生質疑。中世紀和文藝復興時期，明智者大有人在，卻沒有人理性告訴自己說，這些迷信有多麼幼稚。沒有人對魔鬼的罪行或者焚燒巫師的必要性產生過一絲懷疑。

既然理性並非群體的嚮導，是否需要感到遺憾？我們不敢說。可以肯定的是，人類的理性，沒有能夠像幻想一樣，帶著激情和勇敢，引領人類走上文明之路。作為引導我們潛意識的產物，那些幻想可能是必要的。每一個種族，在它的心理結構上，都帶有自己的命運法則。也許，它是根據無法遏制的本能，在遵循這些法則，即便是在看上去最不理性的衝動中。有時候，人民所遵循的是隱祕的力量，正是類似的力量，讓橡果變成了橡樹，讓彗星沿著軌道運行。

若想稍微理解這種力量，就必須從某個民族演變的整體方向中去看，而不是從孤立的事件中去找。有時候，民族的演變看上去像是從孤立事件中湧現出來。但假如我們只去看那些孤立事件，歷史就好像只是被一些荒誕的偶然所決定。來自加利利地區沒受過教育的木匠，可以在兩千年中，成為一個無所不能的上帝，一些重要的文明以其名而建立[9]。這是不可思議的。幾批從沙漠裡走出的阿拉伯人，可以征服古希臘與羅馬世界的大部分領土，建立起比亞歷山大治下還要偉大的帝國，也是不可思議的。還有不可思議的是，在階級森嚴的古老歐洲，一名普通的炮兵中尉，居然成功地統治許多不同的民族與各個國王。

所以，我們還是把理性還給哲學家們，不要在治理人的事務中，讓理性介入太多。**許多情感，比如榮譽、忍讓、宗教信仰，對榮耀和祖國的愛，到目前為止，一直是所有文明的重要推動元素，它們都不是因為理性而誕生的，**還往往是在理性根本無能為力的情況下誕生的。

1　譯注：孔岱大親王（Le Grand Condé，一六二一至一六八六年），屢立軍功。長期與路易十四爭奪王位。最後和解。

2　譯注：阿萊克斯・德・托克維爾（Alexis de Tocqueville，一八〇五至一八五九年），法國著名政治家、政治思想家。他對法國大革命和美國民主的研究和分析，對後世影響巨大。

3　譯注：達荷美王國（Dahomey），十八至十九世紀非洲大陸上的王國。長期經營黑奴買賣，以獨裁、專制著稱。一度成為法國殖民地。今貝南共和國的前身。

4　作者注：在《民族演變的心理法則》一書中，我花了很大的篇幅，來強調拉丁民族的民主理想與盎格魯─撒克遜民族的民主理想之間的差別。

5 譯者注：迦勒底（Chaldea）即新巴比倫王國。

6 編注：兩位凱撒指的是拿破崙一世與三世。

7 作者注：在這種情況下，群體的意見得以形成，是透過對完全不同事物的表面連結。在此之前，我已經展示了這一機制。我們當時的國民自衛隊，是由平和的店鋪老闆組成的，毫無任何紀律的痕跡，不能被當回事。所以，一切同樣叫法的東西，就會在腦子裡喚起同樣的意象，也會被看作是沒有威脅的。群體的謬誤，如同普遍的輿論一樣，當時同樣出現在他們的領導者身上，一八六七年十二月三十一日，在一次國民公會的演講中，經常聽取群體意見的政治家梯也爾（Adolphe Thiers）再次強調，普魯士除了擁有一支與我們數量大致相等的活躍軍隊，那只是與我們相似的國民自衛隊，此外沒有什麼重要性。這位政治家還認為，鐵路是沒有什麼前途的。這兩種說法，真是同樣精闢啊！

8 作者注：有關如何影響群體，我的那些考察，以及邏輯法則在這方面是多麼無用的最初印象，都產生於巴黎被普魯士圍攻的時期。那一天，我看到V元帥被拉到了當時政府所在地羅浮宮前。一群憤怒的人認為，正好抓到他在複製防禦地圖，以賣給普魯士軍隊。他們要求馬上處決這位元帥，而政府成員暨著名演說家GP先生走了出來，面對人群，開始演講。我以為他會指出，這一指責是多麼的荒謬，並澄清，被指控的元帥只是參與建造防禦工事，而那樣的地圖在任何書店都可以買到。我十分驚訝地看到——我當時還非常年輕——他說的完全相反。演說家走向被捕的元帥，高聲喊道：「正義一定會來臨！正義會毫不留情！讓國防部來結束你們的調查。在此之前，我們要把罪犯關押起來！」在此表面安撫下，人群馬上就平息下來，散掉了。十五分鐘之後，元帥就回到了他的家裡。面對憤怒的人群，假如這位辯護的官員，大講一堆邏輯道理（稚嫩的我以為那最能說服人），這位元帥肯定當場就被人撕成肉醬。

9 譯者注：指耶穌。因為他出生於加利利地區的拿撒勒。父親約瑟是木匠，所以耶穌從小就學會了手工藝。

第七章
群體的領袖和他們的說服手段

之一：群體的領袖／群體中所有人在本能上都需要聽從一名領袖／領袖的心理／只有領袖，才能創造出一種信仰，為群體帶來組織／領袖必然是專制的／對領袖的歸類／意志的作用

之二：領袖的行動手段：斷言、重複、傳染／這些因素的不同作用／傳染如何可以從一個社會的低級階層，上升到高級階層／某項民眾意見很快變成普遍意見

之三：威望／對威望的定義和分類／被賦予的威望，以及個人威望／不同的例子／威望如何消亡

群體的心理結構，我們現在已經知道了。我們也已經知道，什麼樣的因素，可以影響他們的靈魂。現在我們需要去探尋，這些因素需要怎樣去運用，以及透過誰

才可以被有效地運用。

一・群體的領袖

一旦一定數量的生靈聚集到了一起，無論是一群動物，還是一群人，都會本能地把自己放置到一個領袖的威權之下，也就是服從一個領袖。

在人群中，領袖的作用是巨大的。他的意志是核心，圍繞著它，人們可以形成意見、相互認同。群體是不能沒有主人的羊群。

最經常出現的情況是，領袖本身先是被一種理念操縱，然後，他成為該理念的傳教者。理念佔據了他，以至於沒有它就會一切都消失。一切不同的意見在他看來，都是謬誤或者迷信。比如羅伯斯比爾就被那些空想的理念所催眠，還運用宗教裁判所的手法來推廣它們。

在大多數情況下，領袖並非思想家，而是行動家。他們都不大明智，也不能有那種天賦，因為一般來說，那會導致懷疑和無所作為。他們比較屬於神經質、超級激動或是半瘋狂的人，處於瘋狂的邊緣。無論他們捍衛的理念或者追求的目標有多麼荒誕，一切邏輯推理在他們的信念之下，都失去功效。蔑視和迫害只會更加刺激他們。個人的利益、家庭，一切都可以被犧牲。在他們身上，保守本能也消失了，以至於他們要求的唯一回報，就是成為殉道者。信念的強度，給了他們話語一種強大的暗示能力。具有堅強意志的人，大眾總是會去聽他們說話。個體聚集成群體，失去一切意志，就會本能地聽從一個具有意志的人。

人民從未缺過領袖，但是，並非所有領袖都具有讓自己成為傳道者的強烈信念，程度上還是有一定的差距。他們往往是一些巧妙的演說家，只追求自己的利益，透過低級的諂媚本能來說服群體。他們如此產生的影響，總是短暫的。那些偉大的、能夠激發群體靈魂的堅信者，如隱士彼得[1]、馬丁・路德、薩沃納羅拉[2]、大革命時期的領袖等等，之所以能夠令人著迷，有人追隨，是因為他們在此之前本身已經被一種信仰所迷惑。於是，他們能夠在靈魂中創造出這種偉大的力量，那稱為信念，使人們成為自己夢想的絕對奴隸。

創造出一種信念，無論是宗教信念、政治信念還是社會信念，然後將其注入一個事業、一個人、一個理念當中，就是偉大領袖所發揮的主要作用。在人類所擁有的所有力量中，信念一直都是非常強大的。福音書上說，信念具有移山的力量，完全是有道理的[3]。賦予人一種信念，就是要讓他的力量倍增。歷史上一些偉大事件，經常就是被一些只知道自己信念的盲目信徒所完成的。曾經統治全世界的宗教、從地球這邊延伸到那一邊的廣袤帝國，都不是由文人、哲學家，尤其不是由懷疑論者建立起來的。

但是，這樣的例子只適用於一些偉大的領袖。他們人數不多，以至於遍覽歷史，也是屈指可數。他們構成了一連串排序的頂端，從強大的人類領袖，一直到普通的工人。在煙霧繚繞的小旅店裡，這種人慢慢地吸引身邊的朋友，不斷地重複一些連自己都不明白意義的說法。但是，按照他的信念，一旦能落實這些說法，肯定就可以實現所有的夢想，所有的希望。

在每個社會圈子裡，從最高到最低階層的人，一旦不再孤立，就會馬上需要領袖。大部分的個體，尤其是普通民眾，在他們的專業之外，不具備任何邏輯清晰的思想，沒有能力自我引導。領袖就成了他的嚮導。有時候，他們可以被一些定期發表的文章來代替。這些雜誌會為讀者提供意見、製造輿論，為他們提供一些現成的老生常談，可以不去思考，但還是非常不夠。

領袖的權威非常獨裁，而且之所以能夠讓人接受，就是因為這種獨裁。我們看到，他們其實並不擁有任何可以支撐自身權威的手段，但卻連最騷亂的工人階層也輕易服從。由領袖來定工作時間、薪水比例，決定是否罷工，在固定的時間開始並結束抗議。

今天，隨著公共機構的權力受到質疑、變弱，領袖們有漸漸取而代之的傾向。這些全新的主人依靠他們的獨裁，從群體身上得到政府從未受到的順從。假如出於任一偶然因素，領袖消失了，而且並非馬上被人接替，群體就又會成為沒有統一性、沒有抵抗能力的集體。有次巴黎公車職員發動罷工，當局只抓捕兩名領頭的人，罷工就終止了。統治群體靈魂的，不是自由的需要，而是奴役的需求。他們有服從的渴望，於是本能地順從，自稱是主人的任何人。

在領袖的類別中，我們可以做出截然的區分。一些人精力過人，有堅強的意志，但持續時間不久；另外一些人比較罕見，其具備的意志既堅強又有持續性。前者粗暴、勇敢、大膽，他們的功用主要表現在，可以臨時站出來組織民眾，儘管有危險，也能讓民眾勇往直前，將前一夜的懦夫變成英雄。比方說，在第一帝國時期的內伊和穆拉[4]，就是這一類。還有今天的加里波第，此人是一個沒有才華的冒險家，但他精力過人，帶著一小群人，硬是擊敗防守的正規軍隊，佔領了古那不勒斯王國[5]。

但是，這些領袖雖然精力過人，卻並不持久，刺激群體的事物消失，精力也會跟著消失。一旦回到了日常生活，那些我前面列舉的英雄，經常會顯示出令人驚嘆的軟弱。在一些最簡單的環境下，他們也顯得沒有能力思考，沒有能力自我引導。只有在本身也被操縱、不斷被刺激的情況下，他們才能發揮作用。他們需要不斷感覺到，在自身之上，存在一個人或者一種思想。他們需要遵循一條已經劃出的行為路線。

第二類領袖，就是那些具有持久意志的人，儘管看上去沒有那麼驚天動地，卻產生強大得多的影響力。其中有的人確實是宗教或者偉大事業的奠基者：聖保羅、穆罕默德、哥倫布、斐迪南・德・雷賽布[6]。無論他們是聰明的、還是愚笨的，都沒有關係，世界永遠屬於他們。他們所擁有的持久意志，是非常罕見的能力，而且威力無窮，讓一切都臣服。人們並不總是能夠意識到，堅強而持久的意志可以帶來的力量。沒有任何東西可以抵禦它，無論是大自然、神靈、還是人。

最近的例子來自那位偉大的工程師，他鑿開了兩個世界的通道，其所成就的事業，是三千多年來多少君主徒勞嘗試的。後來，在一件類似的事業中，他失敗了，但他當時已經老了，一切都已經熄滅，甚至包括他的意志。

要想證明意志的力量，只需細細地講述開鑿蘇伊士運河所需要克服的種種困難。卡札利斯是見證人，親眼看到了整個過程。他精彩地轉述了，這位偉人本身是如何講述這一偉大事業。「他每天都講述運河的史詩，每天講一個片段。他講述了所有必須戰勝的事物，把不可能的事都變成了可能。還談到所有的矛盾，那些針對他而結成的敵對同盟，那些失敗、挫折、沮喪。但這都沒有能夠讓他失去勇氣，被打倒。他回憶起，英國一方總是不斷攻擊他、打擊他。還有埃及和法國當局，總是猶豫不決。法國領事比任何人都反對最初的工程。由於反對並沒有奏效，他就用斷水來對付工人，不提供淡水給他們；還有海軍部的人、工程師，都是正經的人士，經驗豐富又懂科學，但都反對他，堅決認為會產生可怕的後果，還計算災難會在哪一天出現，甚至提出保證，幾點鐘就會發生，就像人們預測日食一樣。」

在一本書裡面，講述所有這些偉大的領袖時，都只有提到少數幾個人，而這些名字總是出現在文明和歷史上最重要事件的頂端。

二・領袖的影響手段：斷言、重複、傳染

若想在短時間內率領群體去做任何一件事，無論是搶劫宮殿，或是犧牲生命防禦街壘，就必須透過快速的暗示，對群體施加影響。最為有效的，還是需要榜樣。這種情況下，還得有某些形勢為群眾做好出場的準備，而想要率領群體的人，必須擁有我在後面將要探討的一種特質：威望。

若需要在群體的頭腦中慢慢灌輸一些思想和信仰——比方說現代社會思想——領袖們的方法就各有不同了。他們主要借助於以下三種的手段：斷言、重複、傳染，它們的影響過程比較緩慢，但效果卻很持久。

簡單、純粹的斷言，擺脫一切的邏輯推理和證據，是讓一種觀念滲透群體腦海的有效手段。越簡潔的斷言，越沒有論證和證據，就越有威信。宗教書籍和所有時代的法令，都是透過簡單的斷言而產生影響。政治家要捍衛任何政治事務、企業家要透過廣告來推廣自家產品，他們都知道斷言的價值。

然而，斷言要想產生真正的影響，就需要不斷重複表達，次數越多越好，且一直都用同樣的說法。拿破崙說過，只存在一個真正的修辭手法，那就是重複。斷言

說出後，透過重複表達，就可以完全滲透到人的精神中，以至於被當作已經證明的真理而接受。

只要看一看，重複是如何對最有智慧的人產生影響，就很能理解它對群體的影響。事實上，重複表達的事情，能夠滲透到潛意識的最深層區域，正是在那裡，形成了我們行動的動因。在一段時間之後，我們就忘卻了是誰重複了那些斷言，於是就相信了。廣告令人驚嘆的威力，就在於此。當我們讀到了一百次，說最好的巧克力是X牌的，就會想像，已經聽人說起過多次了，最後堅信，確實如此。有人舉出一千次證明，說Y牌藥粉治癒了那些最偉大的人，而且都是一些頑症，那麼到最後，當我們得了類似病症的時候，也會去嘗試。在同一份報紙上，重複地看到，A先生是不折不扣的無賴，B先生是非常誠實的好人，我們最後就會確信不疑。當然，前提是我們沒有經常讀另外一家意見對立的報紙，那樣的話，同樣的評語就會倒過來用了。只有斷言和重複，有足夠的威力，可以打來打去。當一種斷言被重複了足夠的次數，過程中還得到一致認可，就像金融企業買下了所有債權，就會形成人們所說的輿論，這時候，強大的傳染機制就出現了。在群體那裡，思想、感情、情感、信仰，會像細菌一樣，具有強烈的傳染能力。這一現象在動物界也可以觀察到，只要聚集在一起就會出現。馬廄裡有匹馬一抽搐，很快其他馬匹就會模仿。幾頭綿羊的驚恐、一絲騷亂的行動，很快就會傳遍整個羊群。情感的傳染，可以解釋突如其來的恐懼。一些腦子的紊亂，比如瘋狂，也會透過傳染而散開來。我們知道，精神病醫生當中不少人自己也得了精神病。還有人提到，有些瘋狂，比如懼曠症，甚至可以從人傳染到動物。

傳染發生時，個體不需同時出現在某個地點；在一些事件的影響下，它可以遠端進行。這些事件將人們引向同一個方向，並賦予群體一些特殊的性格，前章也研究過，尤其當這些事件是由遙遠的動因所埋下基礎。因此，比方說，一八四八年所爆發的革命始於巴黎，且很快就遠及歐洲的大部分地區，並讓好幾個君主立憲體制應聲倒臺。[7]

人們常說，模仿在社會現象中發揮重要影響，實際上那只不過是傳染的後果。由於已經在其他著作中展示了它的作用，我在此僅加以引用。這是我很久以前寫的，後來被其他作者延伸發揮：

跟動物一樣，人的天性喜歡模仿。模仿成為人的一種需求，條件當然是這一模仿必須很容易。時尚的影響力就產生於這一需求。無論是輿論、思想、文學活動，或者簡單的服裝，有多少人敢於掙脫模仿的控制?引導群體的，不是邏輯論證，而是榜樣。在每一個時代，少數個體以他們的行動成為無意識民眾的模仿對象。然而，這些個體同樣不能太超凡脫俗。否則的話，就太難模仿了，其影響力就化為烏有。正是出於這一原因，一些過於超越時代的人，基本上對那個時代沒有任何影響。因為差距太大了。也是出於同樣的原因，歐洲人儘管在文明上有諸多領先，對東方民族的影響卻微不足道。

由於受到過去和相互模仿的雙重影響，同一國家、同一時代的人變得如此的相似，即便在那些看上去最能夠擺脫影響的人，如哲學家、學者和文學家身上，思想和風格都具有同一家族的特色，一眼就可以看出他們所從屬的時代。跟隨便某人閒聊一會兒，就可以深深地知道，他平時讀些什麼、做些什麼，以及他所處的領域。[8]

傳染如此強大，不僅可以強迫人們接受一些輿論，還可以讓人接受一些感知的方式。正是由於傳染的作用，讓人在某個時期蔑視一部作品，比如說歌劇《唐懷瑟》（Tannhäuser），而在幾年後，那些詆毀最多的人，又會受到傳染去讚美它。

輿論和信仰能傳播出去，是透過傳染的作用，而很少透過邏輯推理。當今一些有關工人的概念，就是在有歌舞的小酒館內，透過斷言、重複和傳染而深入人心的。任何時代的群體信仰，都不是透過其他手段創造出來的。勒南（Ernest Renan）[9]的類比很準確，早期的基督教創始者就像「從一個酒館到另一個酒館去傳播思想的工人社會主義者」。伏爾泰在提到基督教時指出「在最初的一百多年時間內，只有最卑鄙、流氓的人，才信基督教」。

在一些與我列舉的情況相似的例子中，傳染在民眾階層發揮作用之後，會上升到社會的高級階層。因此，今天社會主義的教理開始傳播開來，就在原則上會成為首當其衝的受害者身上。面對傳染機制，個人利益的意識也消除了。

這也是為什麼，一切為民眾所接受的意見，最終也讓高層次的人群接受，即便那些意見一眼看出有多麼的荒誕。低級的社會階層對高級階層的這種作用力，是非常奇怪的事情，尤其因為，群體的信仰，總是或多或少衍生於一些高級的觀念，但在它們產生的環境中，高級觀念卻一直沒有影響力。領袖們被這些高級觀念迷惑後，及時抓住並改造它們，創造出一個小派別，再對它進行改造，然後在群體中流傳，不過這些觀念都已變得扭曲不成原樣。一旦變成了民眾心目中的真理，傳播者可以說這些觀念回溯到了自己的源頭，並從此對國家的高級階層產生影響。說到底，是智力在引導世界，但是，智力實在是從太遙遠的地方在引導世界。創造了觀念的哲學家本人早已成為塵埃，而他們的思想，透過我剛才描述的機制所產生的效果，最終獲得勝利。

三・威望

經過斷言、重複和傳染後傳播出去的意見，之所以具有強大的能量，是因為它們最終獲得了一種神祕力量，就是威望。

所有統治世界的，無論是思想，還是人，都是主要透過一種不可抵抗的力量而得以成功，那就是人們稱作「威望」的力量。我們都知道這個詞的意思，但是，人們過於多樣地使用它，以至於我們很難去定義。威望可以包含一些情感，比方說佩服、害怕，有時候它們甚至構成了威望的基礎。但同時，它又完全可以不依賴這兩樣東西而存在。一些人已經死去了，因此我們也不可能去害怕他們，亞歷山大、凱撒、穆罕默德、佛陀，這些人都具有無比的威望。另一方面，一些我們並不佩服的虛幻產物，比方說印度那些地下廟宇中面目醜陋的神靈，卻依然讓人覺得具有很大的威望。

事實上，威望是一個個體、一部作品或一種教理對我們的迷惑。這種迷惑力讓我們所有的批評能力癱瘓，讓我們的靈魂充滿了驚訝和尊敬。正如其他所有情感，由此引發出的情感是無法解釋的，但類型上，可能如同被一個充滿磁場的人給予的暗示。威望便是一切統治最有力的支撐。沒有威望，神靈、國王和女人都無法高高在上。

我們可以將不同種類的威望總結為兩種主要的形式：被賦予的威望，以及個人的威望。被賦予的威望，是人的名字、財富、名望所帶來的威望，可以獨立於個人的威望。個人的威望則相反，是純粹屬於個人，有時候會與名望、榮耀、財富等共存，或者被它們加強，但完全可以以獨立的方式存在。

被賦予的威望，或者說人工的威望，是最為普遍的一種。僅僅因為一個人佔著某個位置，擁有一定的財富，有一些頭銜，就帶上了威望的光環，即便他沒有太多個人價值。穿上了制服的軍人、穿上了紅袍的法官，總是有他們的威望。巴斯卡[10]

非常準確地指出，對於法官來說，袍子和假髮是非常必要的。沒有了它們，法官就會丟掉他們的一大部分威權。最激進的社會主義者，在看到王子或者侯爵的時候，也會激動；類似的頭銜，足以向商人行騙，騙走任何東西。[11]

我剛剛提到的威望，是個人產生的威望。除此之外，還有透過意見、文學或藝術作品所產生的威望。通常，這些不過是一些重複堆積的結果。歷史，尤其是文學史和藝術史，往往只是重複一些同樣的判斷，沒有人想到去查一查對不對，於是，每一個人都在重複他在學校裡所學到的東西。有一些名字，有一些東西，是任何人都不敢碰的。對於現代讀者來說，荷馬的作品中有一種不可否認的、巨大的無聊；可是，又有誰敢說呢？萬神殿，在現在這樣一種狀態下，就是一個廢墟，失去了許多意義，但是，它具有如此大的威望，所以，人們看它的時候，都是帶著那些成串的歷史記憶。威望的特點，就是阻止人們如實地去看待一樣東西，就是會癱瘓我們的判斷力。群體總是需要現成的意見，個體也經常需要。這些意見會受歡迎，跟含多少真理或謬誤無關；只因為有威望，才受歡迎。

我現在來談談個人的威望。與人工的或者被賦予的威望不同，它構成了一種能力，獨立於任何頭銜、任何威權。極少數擁有它的人，對周邊的人能產生一種真正如磁場般的吸引力，包括與他們平起平坐的人。人們服從於他們，就像兇猛的野獸服從馴服者，其實，牠們很容易就可以吞吃掉馴服者。

人類偉大的領路人，佛陀、耶穌、穆罕默德、聖女貞德、拿破崙，都具備這種形式的高層次威望。正是靠了這樣一種威望，他們必須被人接受。神靈、英雄和教理是人們必須接受的，沒有討論的餘地，一旦人們開始討論，他們就消失了。

我剛剛提到的這些人遠在他們成為傑出的人之前，就已經具備令人著迷的能力了，而且正是因為這些能力而成為偉人。拿破崙在其榮耀的頂點，僅僅透過他的權力，就產生巨大的威望。但是，這樣一種威望，他在生涯早期就已經部分擁有了。當時他作為默默無聞的將軍，在眾人的抗議之下，被保護人派到義大利去指揮軍隊，去面對一批粗魯的將軍。督政府空降指揮官，而這些人都已經準備好，要給這位年輕的僭越者一點顏色看看。從第一分鐘起，從第一次見面起，無須一句話，一個手勢，無須威脅，只是看了第一眼這位未來的偉人，他們就都被馴服了。丹納根據同時代一些人的回憶，寫出了這次會面的情形，非常有意思：

當時軍隊裡的那些將領，比方說奧日羅[12]，是驍勇善戰又非常粗魯的軍人，對自己高大的身材和所向無敵的勇氣頗為自詡。他們來到總參謀部的時候，對巴黎強行派來這樣一位躊躇滿志的小矮個，心裡是非常不舒服的。在聽完對拿破崙的介紹後，奧日羅頭一個滿嘴侮辱之詞，憤憤不服：他充其量就是巴拉斯[13]的紅人，葡月政變[14]中成了將軍。其實他出身低下，被人看作是一頭熊，因為他總是自顧自地思考，而且並不器宇軒昂。也許作為數學家、夢想家，他倒還有些名望。這些將軍被帶入參謀部後，拿破崙讓他們等了很久。最後，他終於出現了。帶著佩劍，摘下軍帽致意後又戴上，解釋了一下他的部署，下了命令，然後就說他們可以走了。奧日羅一句話也說不出來；到了外面，他才定了神，才又開始罵罵咧咧、滿嘴髒話地說話。他完全同意馬塞納[15]的說法：這個小個子的「混蛋將軍」，讓他感到害怕。他不知道是什麼東西，讓他在第一眼的時候，當下就被他鎮住了。

等到成了偉人之後，拿破崙因榮耀而聲譽日隆，威望更高，達到了信徒眼中神的高度。旺達姆（Dominique Vandamme）將軍，是參與了革命的雇傭軍人，比奧日羅還要粗魯，還要盛氣凌人。一八一五年的一天，他與多爾納諾[16]元帥一起登上杜樂麗宮的臺階，這樣講他對拿破崙的感受：「親愛的元帥，這個魔鬼般的男人，徹底迷惑了我。我根本搞不懂。要知道，我這個人，既不怕上帝，也不怕魔鬼，但我一旦靠近他，會跟孩子一樣顫抖起來。他可以讓我從針孔裡鑽過去，然後自己跳進火裡。」對於所有靠近他的人，拿破崙都會產生那樣一種魔力。[17]

達武[18]比較了自己和馬萊[19]對皇帝的忠誠度：「假如皇帝對我們兩個人說：出於我的政治需要，必須毀掉巴黎。任何人不得出去，不許逃走。我可以確信，馬萊肯定會守口如瓶，但他會忍不住偷偷違背皇帝的命令，讓他的全家逃走。但是，我呢，我害怕皇帝會猜到這一點，於是讓妻兒都留在巴黎。」

正是這種令人驚嘆的迷惑力，解釋了他為什麼可以從厄爾巴島回到巴黎。就這樣一個孤零零的人，居然一下子重新征服了整個法國，打敗了整個國家組織起來反對他的力量。人們應當可以相信，當時這個國家已經厭倦了他的暴政。然而，他只需看上一眼那些被派來狙擊他、並發誓要捕捉他的將軍們，大家就都繳械順從。

英國將軍吳士禮寫道：「拿破崙幾乎獨自一人回到法國，而且像個逃犯，離開成了他的王國的厄爾巴島，僅僅用了幾個星期，就兵不血刃地推翻了當時全法國的權力機構，那都屬於合法的法國國王治下：難道在歷史上，有過其他例子能證明，一個人的個人魅力可以達到這樣的力量？可是，在這場戰役，也是他最後的一場戰役中，他對於聯軍的魅力影響，同樣是如此的巨大，讓他們乖乖跟著他的作戰計畫走，而且，最後的勝負真的只是在毫髮之間啊！」

在他去世之後，他的聲望依然存在，不減反增。正是他，讓一個並不傑出的侄子當上了皇帝。看到今天他的傳奇又在復活，我們可以猜出，這位偉人的影子依然強大。粗暴對待人，成百萬地屠殺人，到處侵略，只要你有足夠高的威望，以及足夠的才能，去維持這種威望，就可以為所欲為。

不錯，我在這裡提到的是一個絕對例外的例子，但它能幫助我們理解偉大的宗教、偉大的理論和偉大的帝國之誕生和起源。如果沒有威望對群體所產生的影響，這一起源是不可理解的。

但是，威望並不僅僅建立在個人魅力、軍功和宗教恐怖之上；它的起源可以沒有那麼偉大，但依然影響巨大。我們這個世紀提供了一些例子。其中的一個，後代會一直記住他，記住他的故事。前面我們已經引用過這位偉大的人物，他分出了兩塊陸地，改變了地球的面貌，改變了人們的商業關係。他能完成他的事業，一方面依賴於他的堅強意志，但同時也因為他吸引了周邊所有人。面對全面的反對意見，他只需站出來，說幾句話，那麼，就在他的魅力影響下，反對者就成了朋友。尤其是英國人，堅決反對他的計畫；他去了一趟英國，就讓所有人擁護了他。後來，他去了南安普敦，每到一地，鐘聲就會響起來。他征服了一切，無論是人或事，於是，他相信自己不會再有任何障礙，就想以同樣的手段在巴拿馬建起與蘇伊士運河一樣的運河。但是，能夠移山的信仰，只有在山並不太高的情況下，才真的能移動它。高山巋然不動。接下來的災難，打碎了圍繞著英雄的燦爛光環。他的生活經歷告訴人們，如何才能讓威望更高，或讓威望消失。他起初的威望，可以與最著名的歷史人物比肩。結果，被他國家的法庭硬是拉到了最壞罪犯的行列。他去世後，靈車經過一大批漠然人群的中間。只有外國的元首們，向他表示了致意。[20]

但以上列舉的例子，都代表了一些極端的案例。要想從細節上建立起有關威望的心理學，就需要考察整個群體上上下下，從宗教和帝國的締造者到個人，後者只想透過新衣服或者裝飾品而讓鄰居覺得了不起。

在這一排序兩個極點的中間，可以發現，所有形式的威望都來自於組成文明的不同元素：科學、藝術、文學等等。我們可以看到，威望是說服人的根本元素。具有威望的人、思想或事，會透過傳染途徑馬上被模仿，讓整整一代人都接受某種感知和解釋理論的方式。在最經常的情況下，模仿都是無意識的，正因如此，它是最徹底的。現代畫家們複製著原始藝術那種淡淡的、被抹去的顏色和人物的僵硬神態，根本想不到自己的靈感來自於誰。他們相信自己的真誠，而其實，假如沒有傑出的大師讓這一藝術形式復活，人們還會只看到那些畫中稚拙、落後的一面。還有些畫家，追隨一位著名的創新者[21]，在他們的畫布上塗滿紫色的陰影。這些畫家與五十年前相比，並不見得在大自然中看到更多的紫色，但是他們受到了暗示，那位頗具威望的畫家，其純個人、特殊的印象影響了他們。在文明的每一個元素中，可以很容易找到類似的例子。

如前所述，不少元素可以成為威望得以產生的原因，而其中最重要的一項，就是成功。一個成功人士，一個被人接受的想法，馬上就變得不容置疑。

威望總是隨著失敗而消失。群體在前一夜歡呼的英雄，一旦命運不再青睞他，就可能在第二天被群體喝倒彩。甚至，威望越高，產生的反作用就越加強烈。人們從此會把墜落下來的人看作是與自己平起平坐的人。雖然不再承認那人的優越表現，但想到居然曾經拱手稱臣，那就一定要加以報復。砍下了諸多共事者的頭、砍下了一大批同時代人的腦袋，羅伯斯比爾有著巨大的威望。但僅僅因為幾張票被投給了他的對手，就馬上失去了威望。群體會跟著他一直走到斷頭臺。帶著同樣堅定的步伐，他們在前一夜剛剛這樣伴隨著他的受害者們走向斷頭臺。信徒們總是帶著憤怒，將他們古老神靈的雕像打碎。

因為失敗而帶走的威望，會突然消亡。人們透過討論，也可以讓威望漸漸失去，但這要緩慢得多。但是，這一方法具有非常肯定的效果。威望一旦能夠被討論，就已經不再是威望。那些長期保持威望的人，從不容忍討論。要想讓群體敬仰，一定要能與他們保持距離。

1 譯注：隱士彼得（Peter the Hermit，約一〇一五，卒年不詳），法國十一世紀著名教士。響應十字軍東征的號召，並親自參與，在軍中傳道。

2 譯注：薩沃納羅拉（Girolamo Savonarola，一四五二至一四九八年），義大利道明會教士。一四九四至一四九八年在佛羅倫斯實施宗教與神學上的獨裁。一四九八年被教皇定為異端，經折磨後被處死。

3 編注：出自《馬太福音》第十七章，二十節；耶穌說：「如果你們有像一粒芥菜種子那樣的信仰，就是對這座山說『從這裡移到那裡！』它也將移開。而且在你們，將沒有不可能的事。」

4 譯注：米歇爾・內伊（Michel Ney，一七六九至一八一五年），拿破崙時期重要元帥，以勇猛著稱，被譽為「勇者中之勇者」。他的兩個兒子也成為重要的將領和政治家。約阿欽・穆拉（Joachim Murat，一七六七至一八一五年），拿破崙時期重要元帥。因與拿破崙之妹卡洛琳結婚而成為親王，一八〇八至一八一五年成為那不勒斯的國王。

5 譯注：加里波第（Giuseppe Garibaldi，一八〇七至一八八二年），義大利將軍，政治家，被視為義大利的「國父」之一。

6 譯注：德．雷賽布（Ferdinand de Lesseps，一八〇五至一八九四年），法國外交家、企業家，因開掘了蘇伊士運河而著稱。後因開掘巴拿馬運河遭遇失敗而獲刑。在本書中佔有重要地位，勒龐多次提到。

7 作者注：參閱我的最新著作《政治心理學》（*La Psychologie politique et la défense sociale*）、《輿論和信仰》（*Les Opinions et les croyances*）、《法國大革命與革命心理學》（*La Révolution FranÇaise et la Psychologie des Révolutions*）。

8 作者注：勒龐，《人與社會》（*L'Homme et les Societes*），第二卷，第一一六頁，一八八一年。

9 編注：勒南（Ernest Renan，一八二三至一八九二年），法國哲學家與宗教史學家。

10 編注：巴斯卡（Blaise Pascal，一六二三至一六六二年），法國數學家、哲學家。

11 作者注：這種頭銜、飾帶、制服對群體的影響，可以在所有國家看到，即便在一些個人獨立感能充分發展的國家。我在此引用一位旅行家的著作，他談到一些英國人的威望，這是非常有意思的一段：「在許多場合下，我都發現，即便是最理性的英國人，在接觸到或者見到一個英國貴族時，會產生特殊的沉醉感……只要地位夠高，他們就喜愛他。一旦能與他一起，就會著了迷地接受他的一切。我們可以看到，他們接近他時，臉上出現紅暈；假如他跟他們說話，那快樂就越加強烈，臉變得更紅，眼睛裡閃爍一種平時沒有的光亮。他們天生熱愛爵爺，假如可以這麼說的話，正如西班牙人天生熱愛舞蹈，德國人天生熱愛音樂，法國人天生熱愛革命。他們對莎士比亞筆下駿馬的熱情也沒有那麼高漲，從那裡獲得的滿足感和驕傲，也沒有那麼深入。在英國，《貴族之書》的銷售量極大，無論我們走得多遠，就像《聖經》一樣，都是人手一冊。」

12 譯注：皮埃爾．奧日羅（Pierre Augereau，一七五七至一八一六年），拿破崙時代的帝國元帥。出生卑微，沒有接受過正式教育。

13 譯注：保羅．巴拉斯（Paul Barras，一七五五至一八二九年），法國政治家。積極參與法國大革命，投票贊成將路易十六送上斷頭臺。促進成立了督政府，並擔任督政，直至拿破崙政變。

14 編注：法國大革命後，一七九五年，保皇人士起來反抗革命，被拿破崙鎮壓。

15 譯注：安德列・馬塞納（André Masséna，一七五八至一八一七年），帝國時期元帥。因在義大利的里沃利（Rivoli）獲得大勝而成為里沃利公爵。

16 譯注：菲力浦・安東萬・多爾納諾（Philippe Antoine d'Ornano，一七八四至一八六三年），法國貴族，帝國時期元帥，拿破崙的表弟。

17 作者注：皇帝非常清楚自己的威望，所以，他對待身邊的一些要人，就像對待低級士兵一樣，從而更加提高自己的威望。其中有不少是讓整個歐洲都害怕的國民公會議員。在這一點上，當時的許多敘述，都很能說明問題。有一天，正開著國務會議，拿破崙粗暴地斥責波尼奧（Jacques Claude Beugnot），彷彿他是一個犯了錯的僕人。等奏效之後，他走近波尼奧，對他說：「怎麼樣？蠢極了的傢伙，現在明白了吧？」聽到這句話，波尼奧這個大高個，深深地彎下腰，拿破崙這個小矮個伸出手，揪了揪他的耳朵。波尼奧後來寫道：「這種恩寵讓人心醉，這是充滿人性、偉大主人的親昵手勢。類似的大量例子，讓人清晰地看到，在威望面前，人會有怎樣的卑躬屈節。它們也讓人理解，為什麼這位偉大的獨裁者如此瞧不起他身邊的人。

18 譯注：路易・尼古拉・達武（Louis Nicolas Davout，一七七〇至一八二三年），帝國時期元帥。被視為常勝將軍，追隨拿破崙直至滑鐵盧一戰。

19 譯注：于格—貝爾納・馬萊（Hugues-Bernard Maret，一七六三至一八三九年），拿破崙親信，官至帝國時期外交部長，拿破崙授予他巴薩諾公爵的爵位。

20 作者注：一份國外的報紙，維也納的《新雜誌》（*Neue Freie Presse*），在提到斐迪南・德・雷賽布的命運時，發了一些感嘆，觸及非常深刻的心理學，正因如此，我引用如下：「在德・雷賽布被判刑之後，我們就無權再對哥倫布的悲慘結局表示什麼驚訝了。如果德・雷賽布是騙子的話，那麼，一切高貴的幻想都是罪行。要是在古代，人們會給德・雷賽布帶上榮耀的桂冠，讓他在奧林帕斯山上暢飲瓊漿。因為他改變了大地的面貌，完成了一些事業，讓神的創造變得更加完善。上訴法庭的庭長定了德・雷賽布的罪，此人將因此而不朽，因為人們將不斷地詢問，究竟是誰，讓一個當代人都引以為榮的老人，不得不穿上苦役犯人的囚衣，整個世紀都因此而變得卑鄙、低下。再也別跟我們說什麼法律的公正無私，我們看到的，是官僚的憎恨佔了上風，不歡迎大膽而偉大的事業。民族需要這樣相信自我、大膽的人，他們可以衝破所有障礙，而絲毫不去考慮自己。一個天才不會過於謹慎；太謹慎的人，永遠都無法拓寬人類活動的圈子。

德．雷賽布經歷了成功的沉醉，以及失望的苦澀：蘇伊士和巴拿馬。此時此刻，我們的心靈要反抗『成王敗寇』的道德觀。當德．雷賽布成功地將兩片大海連接在一起，君主和國家都向他表示致敬。今天，面對安地斯山脈的岩石，他失敗了，就成了一個庸俗的騙子……這是社會各個階層之間的戰爭，官僚和職員心中不滿，要報復想要高於人一等的人……現代的立法者們面對人類天才的偉大思想，變得手足無措；公眾更是什麼也不明白。因此，僅僅一個普通律師就可以證明，斯坦利是兇手，德．雷賽布是騙子。」

21 譯注：指莫內的印象派畫法。

第八章
群體的信仰和意見的可變範圍

之一：固定的信仰／一些普遍信仰是不變的／它們是一種文明的嚮導／很難根除一種普遍信仰／對於人民來說，不寬容成為一種品德／一種普遍信仰在哲學上的荒謬性，並不妨礙它的傳播

之二：群體的可變信仰／一些並不源於普遍信仰的意見，具有極大的流動性／在不到一個世紀內，思想和信仰表面上的變化／這些信仰的真正限度／跟變化有關的元素／當今普遍信仰的消失，以及報刊的大量發行，導致今天的意見越來越具有流動性／群體意見如何讓大部分的主題變得令人無動於衷／政府不再像以前一樣，可以主導輿論，當今各種輿論的碎片化使得輿論不再有太大的力量

一・固定的信仰

在人的解剖特徵與心理特徵之間，存在著一種密切的可比性。在解剖特徵中，我們可以看到一些固定不變的元素，或者說可變性極小，需要地質演變的時間長度，才能有所改變。與這些固定的、不變的元素一起，還有其他許多非常可變的元素。環境、養殖者或者農藝師的技術，有時候就可以大大改變它們，以至於對於一個不特別注意的觀察者來說，一些根本性的特徵都被隱藏了起來。

對於道德特徵來說，也有同樣的現象。一方面，一個種族有一些不可改變的心理特徵，另一方面，還有許多變化的、可變的元素。因此，在研究一個民族的信仰和意見的時候，我們總是可以看到一個非常固定的基礎，在此之上，嫁接著許多意見，是可以變化的，就像覆蓋著岩石的沙子。

群體的信仰和意見因此而形成完全不同的兩類。一類是大的、恆定的信仰，持續好幾個世紀，是一種文明的完全基礎，比如以前的封建概念、基督教思想及宗教改革的思想，今天則有民族原則、民主和社會思想。另一類則是即時的、變化的意見，在大部分的情況下，衍生於每個時代都會出現、消失的普遍概念：比如在某時期引領文學藝術的理論，產生出了浪漫主義、自然主義等。儘管時尚是非常膚淺的，也會像一些小小漣漪一樣變化，在一個深水湖的表面恆久地產生、逝去。

宏大、普遍的信仰數量很少。對於每一個有歷史的種族來說，它們的形成和消失，都構成了歷史上最重要的一些節點。它們是文明的真正支柱。

一個臨時的意見，很容易就能進入群體的靈魂，但一個長久的信仰很難一下子在那裡立足；同樣，一旦這樣一個信仰已經形成，想摧毀它是非常困難的。要想改變它，就需要有激烈的革命為代價，而且只有在該信仰幾乎已經完全失去了對靈魂的控制之後。革命的作用，就是把幾乎已經被放棄的信仰完全擯棄，因為風俗的枷鎖還阻礙著人們去完全拋棄它。一場革命的開始，其實就是信仰的終結。

當一種宏大的信仰價值開始被討論之時，就已經註定要消亡了。由於一切普遍的信仰都只是虛構出來的，它若想一直存在，就必須能夠避開一切的審視。

但是，即便一種信仰已經被大舉動搖，由它而衍生出來的制度依然能保存力量，只會緩慢地消失。當信仰終於完全失去了權力，它之前支撐的一切就都會垮掉。從未有過一個民族，可以改變它的信仰，而不需要馬上改變構成其文明的眾多元素。

民族不斷地改變文明的元素，直到它接受一種新的普遍信仰。在此之前，人民肯定會生活在無政府狀態中。普遍的信仰，是文明的必要支撐。只有它們，可以為思想指出一個方向，只有它們，可以啟示人們產生宗教信仰，催生出義務和職責。

獲得普遍信仰的作用，人民向來都能感受到，並本能地理解，普遍信仰的消失，必將引起墮落。對羅馬的狂熱崇拜形成了一種信仰，使得羅馬人成為世界的主人。這一信仰消失之日，羅馬就不得不亡。而那些摧毀了羅馬文明的野蠻人，只有獲取了共同信仰，才達到某種一致性，走出無政府狀態。

因此，各個民族一直都帶著毫不寬容的心態捍衛它們的信念，顯然是事出有因。從哲學的角度來說，這是非常值得批判的，但在每個民族的生活中，那是一種美德。正是為了奠定或者維持某些普遍信仰，中世紀才有人架起了那麼多的火刑柱。那麼多的發明家、創新者，即便能夠逃過酷刑，也最終會在絕望中死去。正是為了捍衛那些普遍信仰，世界才那麼多次被推翻，數百萬人在戰場上倒下，將來還會倒下。

我們已經提到，一個普遍信仰要想站住腳跟，需要排除無數巨大的困難，但是，一旦被徹底接受，它的力量在很長時間內都將不可戰勝。無論在哲學上是多麼的謬誤，即便是最智慧的人士，也會被迫接受它。歐洲的各個民族，十五個世紀以來，將一些傳奇，比如魔洛[1]的故事，看作是不容置辯的真事，而仔細考察一下，這類傳奇是極其野蠻的[2]。上帝為了報仇，竟然讓祂的兒子遭受那麼可怕的酷刑，只因為祂所創造的一個子民不服從祂。這樣一個傳奇，有著可怕的荒誕性，但在多少個世紀內，並沒有被人看出。最偉大的天才，伽利略、牛頓、萊布尼茨，都沒有哪怕在一個瞬間，去假設如此傳奇的真理性是可以被質疑、討論的。普遍信仰所產生出的催眠作用，不必再找任何例子證明，同時也無需再找例子充分說明，我們的心智，有著我們應以為恥的局限性。

一旦新教條被植入群體的靈魂之中，它就成為其制度、藝術和行為的啟發者。它對靈魂的控制將會是絕對的。行動者想著要去實現它，法律人士要去實施它，哲學家、藝術家和文學家則以多種方式來表達它。

一些輔助的、臨時的思想，可以從根本性的信仰中產生出來，但總會帶有它的烙印。埃及文明、中世紀文明，以及阿拉伯的穆斯林文明，都起源於少數宗教信仰，而這些文明的所有細小元素上都印上了宗教的痕跡，可以馬上認出來。

在普遍信仰影響下，每個時代的人都總是處於錯綜複雜的傳統、意見和習俗之中，無法突破這一枷鎖，使得自己總是與別人相似。即便是最獨立的精神，也沒有想過要從中脫離出來。真正的暴政，就是潛意識地全面控制著眾人的靈魂，因為這是唯一無法被打敗的政權。提比略[3]、成吉思汗及拿破崙無疑都是可怕的暴君，但是從墳墓深處，摩西、佛陀、耶穌、穆罕默德和路德，都在人的靈魂中施行了一種更為深刻的獨裁。一場謀反可能推翻一個暴政，但是，對於植根於民眾的信仰，又能產生什麼影響？我們的大革命，激烈地反對天主教，儘管表面上有大批群眾的支持，儘管用上了毫不憐憫、堪與宗教裁判所相比的殘酷手段，最終，大革命還是失敗了。人類真正的暴君，永遠都是死者的幽靈，或者是人類自己產生的幻覺。

我要重複的是，一些普遍信仰在哲學意義上的荒謬，從來都沒有成為它們獲勝的障礙。甚至，成功的條件之一，就是它們必須帶有一些神祕的荒謬性。當今的社會主義信仰有著明顯的缺陷，但這並不妨礙它植根於群體的靈魂。它相對於所有宗教信仰的真正短處在於：宗教所許諾的幸福理想，只有在下輩子才能實現，所以沒有任何人可以質疑。而社會主義的幸福理想，必須在地球上得到實現。只要第一次的實現嘗試遭遇失敗，這些許諾的虛假性就會顯現，而此新信仰很快就會失去所有的威望。所以，要等到實現之日，它的威望才會增強。正是出於這一原因，此新宗教雖然先行產生破壞的作用，如所有在它之前的宗教一樣，但是，之後就很難產生創造的作用。

二・群體的可變性意見

我們在前面展示了那些固定的信仰。在它們之上，還有些意見、思想和想法，它們總是在不斷地產生、消亡。其中有一些，持續的時間非常短。即便是當中最重要的，也不會超過一代人的時間。我們已經看到，這些意見的改變有時候是非常膚淺的，並非真正有改變，而且總是帶有種族特質的烙印。比方說，看一下我們國家的政治制度，就會發現，那些看上去最為敵對的政黨：君主立憲、激進黨、皇權黨、社會黨等，都有著一個絕對相同的理想，這一理想源自我們這一種族的心理結構，因為，就在一些相同的名字之下，我們可以在其他民族找到一種完全對立的理想。給那些意見取新的名字，進行騙人的改編，都無法改變事物的本質。大革命時期的布爾喬亞，都深受拉丁文學的影響，他們追隨的是羅馬共和國，採用了它的法律、束棒（fasces）和法袍，但並沒有因此而成為羅馬人，因為他們受到了一種強大的歷史暗示所控制。

哲學家的職責，是在表面的改變之下，去尋找那些古代信仰所遺留下來的東西，並在多變的意見中，找到那些被普遍信仰和種族靈魂所決定的潮流。

如果沒有這一參照標準，人們會覺得，群體經常有意識地改變政治或宗教信仰。確實，整個歷史，無論是政治的、宗教的、藝術的，還是文學的，好像都在證明這一點。

我們以短期階段一七九〇至一八二〇年作為例子，也就是三十年，僅僅一代人的時間，就可以看到，群體首先支持君主立憲，然後變成革命分子，後來又擁護皇帝，最後又變回君主立憲。在宗教上，它首先是天主教，結果後來變成了無神論，又變成有神論，後來，又回到了最為極端的天主教。而且，經歷這種變化的，並非只有群體，還有群體的領導者。我們看到，那些偉大的國民公會議員——國王堅定的敵人，既不信上帝，也不要主人，卻變成了拿破崙的謙卑僕人，然後，又在路易十八的行進隊伍中，虔誠地手持大蠟燭。

在接下來的七十年中，群體的意見又出現了多少改變！十九世紀初「背信棄義的英國」到了拿破崙的繼承人那裡，成了法國的同盟；兩次與我們作戰的俄羅斯，在我們最近幾次吃敗仗的時候總是鼓掌稱慶，結果突然被視為朋友。

在文學、藝術、哲學上，意見的更替變化就更快了。浪漫主義、自然主義、神祕主義等，一個個出現又消亡。昨日受到歡呼的作家和藝術家，明天就被深深地蔑視、拋棄了。

但是，假如我們去分析這些看上去如此深刻的改變，又看到了什麼呢？一切與普遍信仰和種族情感相違背的，都只持續了很短的時間，被改了航道的河流很快就繼續自己的流動路線。那些與任何普遍信仰、任何種族情感都沒有關聯的意見，也就是不會有固定性的意見，經不起任何偶然因素所影響，或者說，經不起任何環境的改變。它們在暗示和傳染的作用下形成，永遠都是暫時的，有時候就像海邊被風形成的沙丘一樣，很快地出現又消失。

今天，群體可變性意見的總數，比任何時候都要大，主要有三個不同的原因。

首先，古老的信仰已經漸漸失去了統治力，已經不再像以前一樣，能影響一些臨時意見，為它們提供一定的方向。普遍信仰的隱去，為一大堆沒有過去也沒有將來的特殊性意見留出了位置。

第二個原因是，群體的力量不斷壯大，越來越找不到可以與之抗衡的東西，他們在思想、意見上的可變性可以進一步自由地表現出來。

最後，第三個原因是報業近來的發展。在人的眼皮底下展示出越來越多相對立的輿論和意見，當中任何一個所帶來的暗示，很快就被另一個相對立的暗示所摧毀。所以，沒有一種意見可以普及，所有意見都只能有短暫的存在時間。它們在能夠得到足夠傳播，成為普遍信仰之前，就壽終正寢了。

從這些不同的原因，產生出了一個世界歷史上全新的現象。這是當今時代的特徵之一，我想說的就是政府對於引導輿論已經無能為力。

以前——而且可以說是近在不久前——政府的行為、作家以及一小部分報刊的影響力，構成了輿論真正的調節者。今天，作家們已經失去了任何影響力，報刊只能反映輿論。至於政治家們，早已不再引導輿論，而是緊跟追隨。他們對輿論的害怕，有時甚至已經到了恐懼的地步，使他們的行為沒有任何固定性。

因此，群體輿論越來越成為政治的最高調節者，甚至可能讓政府去跟其他國家結盟，比如俄羅斯，這完全是民眾運動的產物。

當今有個現象很奇怪，教皇、國王和皇帝們，在涉及具體題材的時候，都必須透過媒體採訪的管道，來展現他們的思想，以接受群體的評判。以前，人們說，政治是跟感情無關的事情。今天，我們看到，引導政治的是流動群體的衝動，他們不知理性為何物；政治完全被情感所驅動。我們還能說政治是跟感情無關的事情嗎？

至於報業，以前是輿論的引導者，現在，跟政府一樣，不得不在群體力量之前屈尊。當然，它的力量還是巨大的，但僅僅是因為它反映民眾的輿論，以及它們不斷變化的形式。報業變成了簡單的資訊提供者，放棄向人灌輸任何觀念、任何理論。它追隨所有公共思想的變化。競爭的必要性，使得它不得不這樣做，否則就會失去讀者。以前那些莊嚴的、有影響力的喉舌，上一代人曾虔誠地聆聽他們的預言，今天都消失了，或者淪為資訊小報，加上一點有趣的大事記、上流社會的康康舞和金融方面的廣告。今天，有哪一家報紙足夠富裕，可以讓它的編撰者有自己的意見？這些意見又能具有什麼樣的威信，既然讀者要求的，只是被告知資訊，或者被娛樂？而且，向讀者推薦什麼，他就會懷疑你其實是在投機討好誰。評論界甚至已經沒有能力推薦一本書，或者一部戲劇，讓它們獲得成功。它沒有任何助益，反而產生有害的效果。報刊已經清醒地意識到，任何個人意見都是無用的，所以基本上已經去掉了文學評論版面，僅僅留下書名，加上兩三行的廣告。二十年以後，估計戲劇評論也會有同樣遭遇。

猜測輿論的走向，今天已經成了報業和政府的主要關注點。他們得知道，某事件可以產生什麼樣的效果，會導致什麼樣的立法法案，產生什麼樣的話語。這樣做並不容易，因為沒有比群體的思想更為流動、更變化多端的了。經常看到，昨天還大受歡迎的東西，今天就成了需要摒棄的物件。輿論完全失去了方向，與此同時，普遍信仰又消融不見，最終的結果，就是一切信念徹底粉碎，以及群體和個體與日俱增的無動於衷，只要那些事不與他們的利益直接相關。一些理論的問題，比方說社會主義，只有在一些沒有知識的階層裡，才找得到真正能被說服的捍衛者：比方說煤礦或者工廠裡的工人。小資產階級，略微受過教育的工人，對一切都變得過分保持懷疑了。

三十年來發生如此的演變，令人驚訝。就在並不遙遠的前一個時代，輿論還擁有一種整體方向，主要是因為其支持者接納了一些根本信仰。只要是贊同君主立憲的人，就一定會有一些落後的思想，無論是在歷史方面，還是在科學方面；而只要是共和黨人，就一定會持一些相反的想法。贊同君主立憲的人，一定不相信人來自於猿，共和黨人反而深信猿是人的起源。雙方都覺得自己有道理。贊同君主立憲的人，說起革命就深惡痛絕，共和黨人談到革命，則充滿了敬仰。一些名字被提起時，比如羅伯斯比爾、馬拉[4]，必須帶著虔誠的神態，而其他名字被談到時，如凱撒、奧古斯都、拿破崙，則帶著一絲憤慨。甚至在我們的索邦大學，都盛行這樣一種天真的歷史觀。

如今，面對討論，面對分析，一切的意見都失去了威望。它的稜角很快就被磨掉，能讓我們充滿激情的觀念，很少能夠倖存下來。現代人因而越來越被冷漠麻木所侵蝕。

我們無須過於哀嘆輿論消失了整體性。無須質疑，這是民族生命的衰敗跡象。通靈人、使徒、領袖，簡言之，比起持否定意見者、評論家和無動於衷的人，那些堅信者自然具有另外一種力量，但是，不要忘記，現在還有群體的力量。假如有一種輿論可以擁有足夠的威望而讓所有人接受，那麼，它很快就會具有獨裁的力量，一切都只能在它面前折腰。那樣的話，自由討論的時代，將在很長時間內消失。有時候，群體可以代表平和的主人，比如赫利奧加巴奧斯[5]、提比略，但是，群體也可以有瘋狂的任性。文明一旦掉入他們手中，將會面許多的偶然因素，不會持續多久。假如有某種東西可以推遲崩潰時刻的到來，那一定是輿論巨大的可變性，以及群體面對一切普遍信仰時抱有的越來越嚴重的冷漠麻木心態。

1 譯注：魔洛（Moloch），《聖經》中迦南地區的神。人們為了向祂祭祀，將兒童投入火中。

2 作者注：我的意思是，從哲學上看，是野蠻的。從實際的角度看，它們創立了一種全新的文明，並在很長的時期內，讓人遠遠看到了夢想和希望之尚未祛魅的天堂，那是人將永遠都無法再看到的。

3 譯注：提比略（Tiberius，西元前四二至西元後三七年），羅馬第二任皇帝（西元一四至三七年在位）。史學家塔西佗對他頗有非議，但從十九世紀起，歷史學家對他的評價有所改變，認為他是一位有手腕、謹慎平和的皇帝。

4 編注：馬拉（Jean-Paul Marat，一七四三至一七九三年），法國大革命時期政治家，參與了恐怖統治。

5 譯注：赫利奧加巴奧斯（Heliogabalu，二〇三至二二二年），羅馬皇帝（二一八至二二二年在位），十四歲即位，十九歲被殺。執政時常常依賴自己的祖母和母親。

第三篇
群體的歸類和描述

第九章
群體的歸類

群體的整體區分／群體的歸類

之一：異質的群體／異質群體間的差別／種族的影響／種族的靈魂越強，群體的靈魂就越弱／種族的靈魂代表文明的狀態，群體的靈魂代表野蠻的狀態

之二：同質的群體／同質群體的區分／宗派、職業團體和階級。

我們已經在本書中說明了群體的共同特徵，現在還需要去研究一下，在不同的群體種類中，與這些普遍特點重疊在一起的特殊特徵。

首先簡述一下群體的分類。

我們的起點是最簡單的聚集人群。它最低級的表現形式，就是由不同種族的個體所組成。**他們的唯一共同點，就是大家都或多或少地尊重一位首領的意志**。這一

類群體中的典型，就是那些源自不同地方的野蠻人，他們在長達好幾個世紀的時間裡入侵了羅馬帝國。

在這些沒有一致性的人群之上，還有一群人，他們在某種因素推動下，獲得了一些共同特徵，最後形成了一個種族。他們一有機會就會呈現出群體的特殊特徵，但總是被種族的根本特徵遏制住。在每一個民族內部可以觀察到的不同群體分類有以下幾種：

一，異質的群體，包括匿名之眾（比方說，大街上的人群）；非匿名之眾（陪審團、議會等）。

二，同質的群體，包括宗派（政治、宗教派別），職業團體（軍事、教會、勞工群體），階級（資產階級、農民階級）。

下面簡單地講一下這些不同類型的群體的各自特徵[1]。

一．異質的群體

這些集體的特徵，我們已經在前面的章節裡進行了研究。它們由隨便的個體任意組成，無論職業是什麼、智力有多高。

我們已經在本書中證明，成為群體的人的心理，與他們作為個體的心理有本質性的不同，而且智力無法改變這一差別。我們已經看到，到了群體中，智力不起任何作用，只有一些無意識的情感在運作。

一個根本性的因素：種族，可以足夠清晰地區別不同的異質群體。

我們在此之前，已經多次提到種族的作用，並且已經證明，它是能夠決定人行動的最強大因素。它的影響也表現在群體特徵中。若一個群體由隨便什麼人組成，但卻是清一色英國人或者中國人，那就深深不同於另外一個群體，也是由隨便什麼人組成，卻有不同種族如俄羅斯人、法國人、西班牙人等。

遺傳的心理結構會造成人們在感知方式和思想方式上有深差異。在某些情況下——這樣的情況並不多——比例差不多的不同國籍個體聚集在同一個群體中，這種差異馬上就會爆發出來，無論表面上把他們聯合起來的共同利益有多麼貼近。社會主義者試圖在一些大的會議中，聚集起每個國家工人階層的代表，最後總是導致最嚴重的分歧，各自憤然離席。一個拉丁民族的群體，無論人們說它有多麼熱愛革命，或者多麼保守，都會為了實現自己的訴求，而借助於國家介入。它總是中央集權的，或多或少帶有凱撒的意味。相反地，一個英國人或者美國人的群體，他們不知國家為何物，只強調個人的能動性。法國群體主要強調平等，英國群體強調自由。這些種族的不同，幾乎會導致一個現象：有多少民族，就有多少群體。

因此，種族的靈魂完全主導群體的靈魂。它是一種強大的基質，可以防止過大的搖擺。種族的靈魂越強大，群體的特徵就越不明顯，這是一個根本性的法則。群體狀態，以及群體主導一切的狀態，構成了野蠻、或者回歸野蠻的狀態。種族只要獲得強健的靈魂，就可以越來越擺脫群體那種毫不思考的力量，從而走出野蠻。

在種族之外，對於異質群體需要做的唯一重要分類，就是要將他們分成匿名以及非匿名的群體，前者比方說街上的人群，後者比方說可以做出決定的議會成員或者陪審團成員。責任感是前者根本沒有的，在後者那裡卻很強，這就給他們的行為一些很不同的方向。

二．同質的群體

同質的群體包括：一、派別，二、職業團體，三、階級。

在同質群體的組織中，派別是第一階段。它包括一些在教育、職業和環境上都差別很大的個體。他們唯一的紐帶是信仰。比方說，宗教派別或者政治派別，就是這類組織。

職業團體代表了群體所能結成的最高階段組織。派別是由教育、職業和環境常常大相徑庭的人組成，只是被同一種信仰連結起來。職業團體包括同一職業的人群，因此，教育和背景也大致相同。軍事團體和宗教組織，就是這樣。

階級由出身不同的個體構成。不是像派別一樣透過共同信仰而連結在一起，也不像職業團體一樣，由共同職業連結在一起，而是透過一些利益、一些生活習慣和相似的教育連結起來。比方說，資產階級、農民階級等。

由於我在本書中只探討異質的群體，接下來，我只提到異質群體中的幾個種類，以作為研究的典型。

1 作者注：在我最近的一些著作中，如《政治心理學》、《輿論和信仰》及《法國大革命與革命心理學》，可以看到有關群體不同種類的細節。

第十章
所謂的犯罪群體

所謂的犯罪群體／群體從法律上可以說是罪犯，但從心理學上看無罪／群體行為的完全無意識／不同的例子／九月大屠殺參與者的心理／他們的推理邏輯、感性、殘忍和道德品性

群體在經歷了一定時期的刺激之後，淪為被心理暗示所操縱的無意識簡單木偶，因此，在任何情況下，都很難將他們說成是犯罪群體。但我還是保留這一錯誤的叫法，因為它在心理學研究中已經得到認可。群體的一些行為，單獨去看，肯定具有犯罪的特徵，但是，其犯罪程度就應當視為如老虎吃掉印度人之前，還讓幼虎把他撕個粉碎，以圖一樂。

群體的罪行一般源於強大的暗示，之後，所有參與的人都會相信自己是在完成一種職責。普通的犯罪行為則完全不是這樣的。

縱觀群體的犯罪史，很清晰地證明了上面所說的。

殺死巴士底獄的典獄長德洛奈（Bernard-René de Launay）先生一案，可以視為最典型的例子。巴士底獄淪陷之後，典獄長被許多人圍住、拳打腳踢。人們議論，要吊死、砍了他的頭或者把他綁到馬的尾巴上。在掙扎的時候，他不小心一腳踢著旁邊一個人。於是有人提議，讓被踢的人割了總管的脖子。這一提議馬上被人群歡呼接受。

那人是一個廚師，還不是什麼高級廚師。一半出於無聊，去了巴士底獄，看看發生了什麼。他認為，既然這是大家的意見，一定是個愛國行為，甚至覺得可以得到勳章，因為他處決的是一個魔鬼。人們借給他一把大刀，他向露出的頭頸砍去。可是，刀太鈍了，砍不死，於是他從口袋裡取出一把黑手柄的小刀，（作為廚師，他知道怎麼切肉），順利地完成了工作。

我們可以清楚地看到前面所說的機制。暗示尤其強大，因為它來自集體，必須服從。殺人者堅信自己做了值得去做的事情，這是一種很自然的信念，因為他的同胞一致贊同他。這樣一個行為在法律上可以定義為罪行，但在心理學上卻不可以。

所謂的犯罪群體，其普遍特徵與我們在所有群體中看到的特徵是一樣的：容易被暗示、輕信、多變、無論是好的還是不好的情感都被誇大以及體現出某種道德品性等。

在我們歷史上留下了最陰暗回憶的那個群體身上，我們可以看到所有這些特徵：九月大屠殺的參與者。這些人還跟聖巴特羅繆之屠的參與者有許多相似之處。我在此借用丹納的敘述，他是從當時人們的回憶中記錄下這些細節的。

誰也不知道，是誰下了命令，或者提出要把犯人都殺了，這樣就可以騰出監獄來。也許是丹東，完全有可能，或者是其他人，這並不重要。對我們來說，最重要的是那些去進行屠殺的人所受到的強大暗示。

屠殺者大概有三百多人，構成了一個典型的異質群體。除了極小部分是職業軍人以外，他們主要是由不同行業的店鋪老闆和手工藝者組成的：皮匠、鎖匠、製帽匠、泥水匠、職員、代理商等。在受到暗示的影響下，他們跟前面所說的廚師一樣，堅信自己在完成一項愛國的行為。他們發揮了雙重的功能，既是法官，又是劊子手，無論如何也不認為自己是罪犯。

他們堅信自己發揮的作用是如此重要。他們馬上就顯示出群體的簡單思維，以及簡單的公正意識，於是先成立了某個類似法庭的機構。由於被指控的人很多，他們首先決定，貴族、教士、軍官、國王的侍從要集體處決，也就是說，這些人所從事的職業在愛國者眼裡本身就是罪行，無須任何特別的判決。其他人，就憑感覺看外貌、樣子以及聲譽。這樣一來，群體的基本意識得到了滿足，接下來就可以合法地屠殺，肆意地放縱自己的兇殘本能。我已經在其他地方分析了這種本能的起源，而集體性可以將這一本能發展到很強烈。而且，這並不妨礙一些其他相反的情感可以得到宣洩——這是所有群體的規律——而且是一些與兇殘同樣極端的情感。

「他們身上有巴黎工匠那種易於感染的同情心，以及細膩和敏感。在修道院監獄，一名聯盟衛兵聽說被關押的犯人已經二十六個小時沒有水喝了，堅決要把做事疏忽的看守殺掉，而且若不是犯人們求情，他一定這麼做了。當一個犯人被（他們臨時組建的法庭）宣布無罪的時候，無論是看守還是殺人者，所有人都會熱情地擁抱他，拚命為他鼓掌。」然後，他們就回去殺其他人。在殺人的時候，大家感到的是一種歡快的氣氛。他們圍著屍體唱歌跳舞，專門放一些長凳，給一些幸運的「貴婦」，讓她們可以目睹如何殺死貴族。他們還繼續顯示出一種特殊的公正感：一個負責殺人的人在修道院監獄裡抱怨說，坐得太遠的貴婦們看不清楚，而且只有一部分人才有親手殺死貴族犯人的機會。他們就跑到法庭，把這一意見告訴法官。於是他們就決定，把殺人者排成兩行，讓犯人們慢慢從他們中間走過，每個人只能用刀背去砍，以延長行刑的時間。在拉福斯（La Force）監獄，犯人被全部脫光，在半個小時的時間內，被慢慢折磨。等所有人都看夠了之後，再開膛剖腹，殺死他們。

殺人者還都很自律。我們提過，這顯示出群體所擁有的道德品性，他們會把犯人的錢和首飾上交到委員會的桌子上。

在他們的所有行為中，我們都可以看到非常低級的邏輯推理，這也是群體靈魂的特點。因此，在殺死了一千兩百到一千五百個「國家公敵」之後，有人提出，在其他監獄裡，還有一些年老的乞丐、流浪漢、年輕的犯人，都是一些無用的人，卻還要吃喝，索性一併解決了他們。他的暗示馬上就被人接受。而且，在他們當中，一定藏有國家公敵，比方說，一個叫德拉盧伊的女人，是一名下毒犯被處死後留下的遺孀：「她一定對自己被關押十分憤怒。只要有機會，她一定會在巴黎縱火。這話她一定說過。她就是說了。除掉她。」這一邏輯推理顯得非常簡單明瞭，於是，所有人都被殺死了，包括五十多個十二到十七歲的孩子，因為，將來他們也可能成為國家公敵，所以，必須清除掉。

一個星期之後，所有行動都結束了，殺人者可以去休息了。他們堅信自己為國家做出了貢獻，跑到當局那裡要獎賞；其中最堅定的人還要求得到勳章。

一八七一年巴黎公社的歷史為我們提供了類似的事實。群體具有越來越大的影響力，而在他們面前節節敗退，我們因此可以確信，將來還會有很多這樣的例子。

第十一章

刑事法庭的陪審員

刑事法庭的陪審員／陪審員的普遍特徵／統計學證明，陪審團做出的決定，與人員的構成無關／陪審員們是如何被影響的／邏輯推理幾乎不產生影響／著名律師的說服手段／那些被陪審員們寬容或嚴懲的罪行之本質／陪審制的作用；假如這一體制被法官取代會導致的極大危險

我在這裡無法探討所有類型的陪審員，僅限於研究其中最重要的，就是刑事法庭的陪審員。他們構成了非匿名異質群體的最佳例子。我們可以看到，易受暗示的特性、無意識情感的主導地位、無法充分進行邏輯推理、領袖的影響等。研究他們，我們可以得到一些有趣案例，那是不懂集體心理學的人會犯的錯誤。

陪審員們首先證明了一點：從做決定的角度來看，在構成一個群體的不同人員中，其智力水準的重要性非常小。當一個能作決定的團體需要提供自己的意見，去

面對一個不完全是技術性的問題時，智力發揮不了任何作用。一群藝術家和學者對某些普遍主題的共同討論結果，比一群泥瓦匠在一起做的判斷，沒有多大的差別。在不同的時代，管理者總是為陪審團精心挑選成員，往往在智力高的階層中挑選：教師、公務員、文人等。今天，陪審團主要由小商販、小老闆和雇員們組成。然而，讓專家們大為吃驚的是，無論陪審團由什麼樣的人組成，最後的統計顯示，他們做出的決定是一樣的。法官們雖然堅決反對這種陪審制，也不得不接受這樣的結論。貝拉爾・代格拉熱（Berard des Glajeux），一位刑事法庭的前庭長，在他的《回憶錄》中如此寫道：

> 今天，對陪審員挑選的權力，其實是在市議員的手中。他們根據與自己處境相關的選舉目的和政治目的，任意接受或者開除一名陪審人員……大多數的陪審人員由商人組成，遴選標準遠不如以前，還有一些機關的雇員……由於在執行判決的角色時，所有意見都和自己的職業相關，很多人又都是新手，而且往往在處境最卑微的人群中，才有最善良的人，因此，陪審團的精神一直沒有改變：他們做出的判決是一模一樣的。

從這一段話中，我們需要記住其結論。這一結論非常正確，但對原因的解釋卻是不對的。我們不必對這樣的錯誤解釋感到驚訝，因為無論是律師還是法官，都不瞭解群體的心理，也就是陪審團的心理。我的證據來自上述法官講述的一個事實。刑事法庭最傑出的律師之一，拉修先生，面對陪審團中那些聰明的人，總是運用他的拒絕權。然而，經驗——惟有經驗——告訴他，這樣的拒絕是毫無用處的。今天，檢察官以及律師們，至少在巴黎，已經完全放棄了此類拒絕權。正如代格拉熱先生所說，最後的判決根本沒有變化，「既不更好，也不更壞」。

跟所有的群體一樣，陪審團成員們都是注重情感，而對邏輯推理無動於衷。一位律師寫道：「他們看到一位哺乳的女子，或者看到一群孤兒，就受不了。」代格拉熱先生則寫道：「只要一名女子顯得討人喜愛，就可以得到陪審團的仁慈善心。」

面對一些可能觸及他們利益的罪行——這些罪行往往也是對社會來說最可怕的——他們往往鐵面無私，但是，面對人們所說的激情犯罪，他們往往非常寬容。他們對幼母的殺嬰行為往往不嚴厲，對於被遺棄的女子向誘惑者潑硫酸的報復行為，更是寬容之至。他們的本能告訴他們，類似的罪行對於社會來說，並不危險，在一個法律並不保護被遺棄女子的國家裡，某位女子的報復，不但無害，反而有益，可以警告未來的誘惑者[1]。

陪審團的成員們，與所有的群體一樣，都願意屈從於威望。代格拉熱庭長說得非常清楚，陪審團儘管在結構上非常民主，但在情感上，卻都非常貴族化：「姓氏、出身、財富、聲望，傑出律師的介入、與眾不同的細節、帶有亮點的事情，都可以成為對被告有利的元素。」

一個好律師所做的，就是要對陪審團成員的情感施加影響，與面對所有的群體時一樣，少用邏輯推理，或者只使用最基本的邏輯推理手段。一位著名英國律師精要地分析了這一方法，他在刑事法庭總是成功勝訴：

他一邊辯護，一邊仔細觀察陪審團。這是他最擅長發揮的時刻。憑他的感覺和習慣，可以在他們的臉上，看到自己每一句話、每一個詞的效果，然後得出自己的結論。首先要能區分出，哪些是肯定會站在自己一邊的人。辯護人從一開始，用幾句話，就把他們抓在了手裡。然後，他開始對付那些看上去會反對的人，他會努力去猜測，他們為什麼對被告反感。這是工作中最微妙的部分，因為想要判決一個人有罪，會有無窮的理由，它們與正義感並沒有關係。

上面這幾行字，充分地概述了演講藝術的目的，也向我們證明，一些事先準備好的演講是沒有用處的，因為需要根據當時產生的印象，不斷地改變所用的措辭。演說家無須改變所有陪審團成員的意見，僅需爭取那些能夠決定普遍意見的領頭人。就像在所有群體中一樣，少數個體引領其他人。前面提到的那位律師說：「我的經驗告訴我，在判決的時候，只需要一兩個有影響力的人，就可以帶動整個陪審團。」需要做的，就是要用最微妙的暗示，去說服這兩三個人。首先，需要取悅他們。能夠取悅一個群體中的人，就幾乎代表已經說服他，這時他有心理準備，取悅他的人所提出的任何理由，都會看作是很好的理由。我在有關拉修律師的文字中，看到了以下的軼事：

我們知道，在刑事法庭上陳述自己辯護詞的時候，拉修的眼睛一直不離開兩到三個他認為有影響力的、但很難對付的陪審團成員。一般來說，他會把這些反對的人儘量爭取過來。然而，有一次在外省，有那麼一個人，他花了四十五分鐘，用最堅定的論證，也無法說服。那人坐在第二排的第一個，是第七號陪審員。太讓人絕望了！突然，就在滔滔不絕的辯護過程中，拉修停了下來，對刑事法庭的庭長說：庭長先生，您能不能讓人拉一下窗簾，就在那邊，對面，第七號陪審員被太陽曬得睜不開眼了！第七號陪審員臉紅了，微笑了一下，說了聲謝謝。最後，此人站到了辯護人的一邊。

有許多作家，而且都是最有名的作家，最近都在呼籲，要取消陪審團制度。然而，這是唯一的制度，可以避免讓一個不受控制的職業團體經常出錯。有人希望，陪審團的成員只由一些明智的人來擔任。但我們已經證明，即便是在這樣的情況下，做出的決定也會與現在的決定一模一樣。還有的人，根據陪審團犯的錯誤，希望能夠取消陪審團，由法官來代替。但是，他們怎麼能夠忘記了一點：人們指責的陪審團錯誤，總是首先由法官們犯下，因為被送到陪審團前的被告，已經被許多法官認為是有罪的了：預審法官、共和國檢察官以及上訴法院的控告庭。難道人們看不到，如果被告依然是由法官來判決，而非經由陪審團，被告將失去唯一被認為是無罪的機會。陪審團的錯誤，往往首先是法官的錯誤。真正需要指責的，是法官，尤其當我們看到那些令人髮指的法律判決錯誤。比方對某醫生的判決，假如沒有群情激憤，讓他很快被國家元首赦免，他就會被送去做苦役。而判罪的原因居然是，有個半癡呆的女孩子指控醫生讓她花費三十法郎進行流產手術，而那位頭腦狹隘的預審法官又對他窮追不捨。醫生的所有同事都表示他是非常正直的人，判決看來是明顯的錯誤，甚至法官們也這樣承認。然而，出於狹隘的保護同業心理，法官們盡力阻撓赦令的簽署。在所有類似的事件中，陪審團的成員們被他們根本無法理解的技術細節所糾纏，最後當然是聽檢察官的，心想既然在此之前，已經有那麼多的法官，已經知道了所有的犯罪細節。那麼，真正的錯誤是誰犯的呢？陪審團，還是法官？讓我們好好地保留陪審團吧。也許，這是唯一一個不能被個體替代的群體類型。只有它才可以緩解法律的無情，因為，原則上法律面前人人平等，所以法律必然是盲目的，看不到特殊的案例。法官是無情的，只相信白紙黑字，帶著其職業的冷峻，會以同樣的判決，去對待一個殺人的入室盜竊者，和一個苦命女子，她因為被人拋棄、生活悲慘而不得不殺死自己的嬰兒。而陪審團的人，就會出於本能覺得，被誘惑的女子，罪行遠遠小於誘惑她的男子，而後者卻反而可以逃避法律的制裁。那女子是需要寬容的。

一旦瞭解了職業團體的心理，以及其他群體類型的心理之後，我們就再也不會認為，在任何案例中，若有當事人被誤判有罪，會求助於法官，而不求助於陪審團。在陪審團那裡，我有更多機會被認為是無辜的，而在法官那裡，這樣的機會很小。我們應當害怕群體的威力，但是，更應當提防有些職業團體的群體威力。有的群體是可以被說服的，而有的則從不讓步。

1 作者注：我們必須指出，對社會有害或相對無害的罪行，這種由陪審團依本能做出的區分，並不缺乏正確性。犯罪方面的法律，當然是要用來保護社會，而不是替社會報仇。然而，在我們的法典中，尤其是在我們法官的腦子裡，依然彌漫著古老原始法律的復仇精神。每天，人們還都在使用復仇行為（vindicte）這個詞（源於復仇〔vindicta〕一詞）。許多法官都拒絕去實施很好的貝朗熱（René Bérenger，編注：法國知名法官）法令，也就是只在被告再次犯罪的情況下，才去懲罰他。這一點證明了法官的傾向。其實，任何一個法官都無法否認，因為統計學已證明，對初犯的懲治，幾乎不可避免地會導致再犯。法官們如果放掉了一名罪犯，就會覺得社會沒有得到報復。他們寧願去製造一個危險的再犯者，也不願意不去替社會報仇。

第十二章
選民群體

選民群體的普遍特徵／如何說服選民／候選人必須具備的特質／威望的必要性／為什麼工人、農民很少選他們的同類／詞語和口號對於選民的重要影響／選舉討論的概貌／選民的意見是如何形成的／委員會的強大／它們代表了暴政最可怕的形式／大革命時期的委員會／儘管全民普選沒有多大的心理學價值，但不可以被替換／為什麼，即便我們將選舉權縮減為一小部分公民的特權，最終的選舉結果，還會是一樣的／在所有國家，全民普選說明了什麼

選民群體，它可以選舉出一些職能的合法執行者，屬於異質的群體。但是，由於他們只是在一個特定面向產生作用（在不同的候選人中選出最終人選來），所以，在他們身上，我們只能看到部分我們之前描述的特徵。他們最明顯表現出的特

徵，就是沒有邏輯推理能力、沒有批判精神、易怒、輕信和簡單化。在他們的決定中，也可以看到領袖的影響，以及前述因素的作用：斷言、重複、威望和傳染。我們現在來探尋一下，他們是如何被誘惑的。從那些最成功的手段中，我們可以清楚地推演出他們的心理。

候選人需要具備的首要特質是威望。假如沒有個人威望，那就只能由財富的威望來取代。才華，甚至天才，都不是成功的元素。

最主要的是，候選人必須具備威望，從而可以讓人不經討論地接受。主要由工人和農民組成的選民，之所以很少會去選出自己階層的人去代表他們，就是因為從當中出來的人，在他們眼中沒有任何威望。只有出於一些附加性的理由，他們才會投給自己人，比方說為了阻擋傑出的人或厲害的老闆當選。每一個選民每天都生活在對上層人士的依賴之中，所以投票後會出現幻覺，覺得自己有那麼一刻成了後者的主人。

但是，擁有威望並不一定能夠保證候選人成功。**選民需要看到他的貪婪和虛榮得到滿足；候選人必須做出最不可思議的獻媚，毫不猶豫地許諾一些根本不可能達成的事**。面對工人，就要大罵、詆毀他們的老闆。至於候選人對手，就一定要踩扁他，透過斷言、重複和傳染，咬定他就是最大的混蛋，而且誰都知道，他已經犯下了許多罪行。當然，無需尋找任何像樣的證據。假如對手不瞭解群體的心理，就會透過證據來證明自己無罪，而不是簡單地用同樣手法反咬一口，來回應對手的誣陷。他只要想證明什麼，就沒有了任何成功的機會。

候選人白紙黑字寫下的未來規劃不能說得太死，因為他的對手可以在後來以此來反對他。但他口頭上的規劃，無論怎麼誇張也不為過。也可以毫無顧忌地許諾最大的改革。在當時，此類誇張的許諾會產生很大的效應，而且在將來，也不會造成什麼後果。事實上，選民後來並不會去查，被選上的人是否真的遵從了當時宣布的事項，而選舉是否成功，就是建立在這些宣言之上的。

這裡，我們可以看到所有我在此前描述過的說服人的因素。接下來，我們在詞語和口號的威力中，還可以看到說服因素。之前，我們已經證明了詞語和口號的控制能力。擅長運用它們的演說家，可以任意引導群體。一些說法，比如：可惡的資本、罪惡的剝削者、偉大的工人、財富的社會化等，總是能夠產生同一種效果，儘管已經有點過時。但是，若有個口號能夠帶來新意，但又沒有什麼確定的內涵，就可以適用於各種訴求的人，且一定會獲得大勝。一八七三年年血腥的西班牙革命就是使用了一個魔法般的詞，其意義非常複雜，每個人都可以根據自己的希望去解讀。當時的一位作家講述了革命的起因，他的一些說法值得我們引用：

激進黨發現，中央集權的共和國，其實就是改頭換面的君主立憲國家。所以，為了取悅他們，科爾泰斯（Cortés）家族齊聲提出了「聯邦共和國」的說法。沒有一個選民知道，他們剛剛選出的是個什麼東西。但是，「聯邦」這一叫法讓所有人高興，既有譫妄又有沉醉的感覺。好像人們終於在地球上開始了美德和幸福的統治。若有共和黨人被政敵否認是「聯邦派」的，就會覺得受到了莫大的侮辱。人們在街上相遇時，會互相致意：「向聯邦共和國致敬！」隨後，大家就會齊聲為了不受約束的神聖國家和自治的戰士高唱戰歌。這個「聯邦共和國」究竟是什麼？有人認為，就是每個省的解放，像美國一樣的制度，或者在行政上去除中央集權；其他人則認為是打破一切權力，以帶來整個社會資源的開放。巴賽隆納和安達盧西亞的社會黨人強調市鎮的絕對主權，他們設想，要在西班牙設立一萬個獨立的市鎮，所有的法律都由自己制定，一下子可以同時取消軍隊和憲兵。很快，就在南方的一些省份，每個城市，每個村莊，都有人起義。一旦有市鎮宣布了自己的綱領，它首先做的，就是要切斷電報、毀掉鐵路，與馬德里和鄰近的市鎮斷掉聯絡。沒有一個小鎮，不想去按自己的法則行事。聯邦制讓位給了一種粗暴的、殺人放火的地方制度。到處都在過著血淋淋的農神節。

至於邏輯推理對於選民心智會產生什麼影響，只要讀一讀任何一次選舉會議的紀錄，就會有明確的結論。人們在會議上互相交流的是斷言、辱罵，甚至大打出手。但從來都沒有理性。假如有一刻，突然安靜下來了，那一定是有個性格古怪的人突然提出，要給候選人一個非常難以回答的問題。聽眾最愛聽這樣的問題。但是，敵對者的滿意並不會持續太久，因為提問者的聲音，很快就會被對手的喧鬧聲覆蓋住。我們可以把以下的一些紀錄，視為此類會議的典型狀況，這是從成百上千個相似的紀錄中抽取出來的，主要來自一些報紙：

有位組織者要求與會人員推舉出大會主席。一下子眾人情緒就爆發了。無政府主義者跳上舞臺，想佔領會議桌。社會黨人奮力保護它；大家打了起來，互相指責對方是奸細，是內奸。有位公民眼睛被打腫了，退了出去。

最後，終於在喧囂之中，桌子擺好了，X先生站在了講臺前。演講者針對社會黨人狠狠地發難。社會黨人打斷他，大聲喊叫：「混蛋！強盜！流氓！」諸如此類。面對這些叫法，X先生陳述了一種理論，據此，社會黨人都是「傻子」或「搞惡作劇的人」。

阿爾曼黨人[1]昨天晚上在位於聖殿側街（Rue du Faubourg-du-Temple）的交易所大廳裡組織了一次預備會議，準備慶祝五月一號的國際勞動節。主旨詞是「寧靜、平靜」。

G先生大罵社會黨人是「混蛋」、「騙子」。

一聽到這些詞，聽眾和演說者們開始互相對罵。接著就打了起來。椅子、長凳、桌子都用上了。

不要以為，這樣的討論僅限於一類特殊選民，是他們的社會處境造成的。在所有匿名的聚會中，即便由清一色的文化人組成，討論也可以很快就變成同樣的情形。我已經證明了，群體中的人一般智力會趨同。每時每刻，我們都可以找到證據。比如說，以下是純粹由學生組成的會議的紀錄：

隨著夜幕的降臨，越來越吵鬧。我覺得，沒有一個演說者可以說上兩句話而不被人打斷。每一刻都有喊叫聲此起彼伏，或者從四處傳來。人們在鼓掌，吹口哨，在不同的演說者之間激烈爭論。人們舉起拐杖，大聲威脅。人們用腳有節奏地跺地，打斷發言人的聲音和要求發言的聲音四處響起：「滾出去」、「上臺！」

C先生將各種形容詞串連在一起：可惡、懦弱、可怕、流氓、壞蛋、報復心重，還說他要摧毀這一切。

人們可以自問，在這樣的條件下，選民的意見如何能夠形成？但是，會問這樣的問題，就是對集體可以享有的自由程度抱有幻想。群體擁有的，都是外人強迫他們接受的，從來都不是經過理性才接受。這些意見和選民的投票，都掌握在選舉委員會的人手中，而委員會的領頭人往往是一些酒商，他們對工人可以產生很大的影響，因為他們讓工人賒帳。施賴爾先生，一位民主制度的堅定捍衛者這樣問道：「你們知道什麼是選舉委員會？它是我們制度的鑰匙，是政治機器的主要零件。法國今天就是被委員會統治的。」[2]

因此，對委員會產生影響，也並非很難的事情，只要候選人是可以被接受的，而且有足夠的資源。照一些捐贈者自己的說法，只要有三百萬，就可以讓布朗熱將軍在各級選舉中獲勝。

這就是選民群體的典型心理。它與其他群體的心理是一樣的，既不更好，也不會更壞。

因此，我不會因上所述，而得出反對全民普選的結論。出於一些實用的原因，如果我能決定它的命運，我會原封不動地保留它現在的形式。接下來我會指出原因為何，它們源自我對群體心理的分析。但之前要先說一下全民普選的壞處。

全民普選的缺陷自然是太明顯了，所以不可能忽視。我們不能不承認，人類文明就是由一小批高級精英構建起來的，他們構成了金字塔的頂尖。金字塔隨著價值的遞減而向下擴展，每一層都代表了一個民族的群體結構。一種文明的偉大，自然不能取決於低級成員的普選，因為他們代表的只是數量。而且，群體普選可能還是危險的。他們已經給我們招來了好幾次外國入侵；而隨著社會主義的勝利，「民眾擁有最高權力」，這種幻想肯定會讓我們付出更大的代價。

但是，所有這些反駁，在理論上當然是很好的，在實際上卻會失去所有力量，因為思想一旦轉化為教條，會具有不可戰勝的力量。「群體擁有最高權力」，從哲學角度來看，這個信條跟中世紀的宗教信條一樣，是不值一駁的，但是今天，它具有絕對的威力。因此，它與我們以前的宗教信條一樣，不能受到攻擊。假設，有個現代自由思想家，借助魔法穿越到了中世紀。你們以為，他會嘗試去與當時主導社會的宗教思想唱反調嗎，畢竟它擁有最高權力和力量。假如他落到了一個法官手中，被指控與魔鬼定下協定，或者經常參加魔鬼的活動，要被燒死，他會想到去質疑魔鬼和魔鬼聚會的存在？群體的信仰是不能爭論的，正如我們無法與颶風爭論。普選的政治教理，已經擁有與以前的基督教教理同樣的力量了。演說家和作家們提到它時，帶有的尊重和崇拜，是當年的路易十四都沒有享受到的。因此，面對普選，就要像當時面對所有宗教信條一樣。只有時間，可以對它產生影響。

試圖去動搖這一信條，完全沒有用處，因為它有表面上的支持理由。托克維爾說得非常正確：「在一個平等的時代，人們對於別人產生不出信仰，因為他們彼此相似；但是，正是這樣一種相似，使得他們對於公眾的判斷，帶有一種幾乎無限的信任。因為他們無法不相信，既然每個人都有著同樣的見識，真理一定是在多數人那裡的。」

現在是否需要假設，有限制的普選——比方說，以能力為限制——可以改善群體的選舉？我一刻也不能接受這樣的說法。原因就是，前面提到的各類型群體的智力低下，無論它由什麼樣的人組成。我重複一遍，在群體中，人們都會趨同，在一些普遍問題上，四十個院士的集體意見，並不比四十個擔水挑夫的集體意見更高明。我不認為，那些被指責的普選結果，比如說恢復帝制，假如投票者僅僅限於學者和文人，會有什麼區別。對於一個個體來說，無論他精通希臘語或者數學，是建築師、獸醫、醫生還是律師，在一些情感問題上，他並不會比別人更聰明。我們所有的經濟學家都是有學識的人，大部分是教授和院士。哪怕是普遍的問題，比如說保護主義，是他們具有共識的？社會問題充滿了未知因素，人們總是會被神祕的邏輯或者情感的邏輯所主導，傾向呈現出同樣的無知狀態。

因此，假如選舉群體僅由一些頗有學識的人組成，他們的投票結果也不會比今天的更好。他們主要會被自己的感情主導，跟著自己政黨的精神走。我們今天遇到的任何問題不會減少，相反地，因為這些人屬於某職業團體，還會帶來相關的嚴重問題。

群體的選舉在任何地方都是差不多的。無論它是普選，還是受到限制的，無論是在共和國，還是在君主立憲體制內，無論是在法國、比利時、希臘、葡萄牙或者西班牙，都體現出各種族的無意識追求和需求。選民的平均水準，即代表著每個民族之種族靈魂的平均水準。從一代人到另一代人，我們看到的，基本上都是一樣的狀況。

因此，我們又一次遇上種族這一根本問題，之前我們已經多次討論到，而此問題又衍生出另一問題，也就是制度和政府在人民的生活中所發揮的作用，其實非常微薄。人民主要是由種族的靈魂所引導，也就是由祖先的遺留物所主導，而靈魂就是這些遺留物的總和。種族，以及錯綜複雜的日常需求，就是影響我們命運的神祕主人。

1　譯注：讓．阿爾曼（Jean Allemane，一八四三至一九三五年），法國社會主義政治家，工會組織者。一八九〇年成立「社會主義革命工人黨」。他的追隨者也被稱為阿爾曼黨人。

2　作者注：委員會，無論它們的名字叫什麼：俱樂部、工會，都構成了群體力量最可怕的危險因素。事實上，它們代表了暴政最沒有個人成分的形式，也就是最具迫害力的形式。委員會的領袖們總是以集體的名義發言、行動，因此，可以擺脫一切責任感，說什麼、做什麼都可以。最粗暴的暴君，也從來沒有幻想過可以做出革命委員會的那些決定。巴拉斯寫道，革命委員會對國民公會的成員大開殺戒，讓他們隨時付出昂貴的代價。只要可以用委員會的名義說話，羅伯斯比爾就是絕對的主人。到了有一天，這位可怕的獨裁者出於自己自尊心的原因，離開了他們，從此就開始了自己的滅亡之路。群體的統治，就是委員會的統治，因此也就是領袖的統治。人們無法想像更為純粹的獨裁形式。

第十三章 議會

議會群體有著大部分非匿名性異質群體的共同特點／意見的簡單化／可暗示性，以及這一可暗示性的局限性／不可改變的固定意見，以及多變的意見／為什麼不確定性發揮主要作用／領袖的作用／領袖的威望從何而來／領袖是議會的真正主人，因此，議會的投票結果，只是一小部分人的投票結果／領袖產生的絕對影響／領袖的演講藝術中的元素／詞語和意象／一般來說，領袖在心理上必須具備堅定、狹隘的信念／一個沒有威望的演說者，不可能讓人接受他的理性推論／在議會中，無論是好的情感，還是壞的情感，都是被誇大的／在有些時候，議員在議會中會像自動木偶一樣／國民公會的會議／議會可能失去群體特徵的一些情況和例子／在技術問題上專家的作用／在所有國家，議會體制的優點和危險／議會體制符合現代需求，但會導致財政上的浪費，以及逐漸約束所有自由／結論議會代表一種非匿名的異質群體。儘管根據時代和人民的不同，議會成員的招收方式也不同，但是這類群體在特徵上有許多相似之處。我們可以感受到，種族因素會減弱或者增強這些特徵，但無法阻礙它們表現出來。比方說希臘、義大利、葡萄牙、西班牙、法國或者美國，各大國家有自己的議會，它們的討論和投票方式存在許多相似之處，讓各自的政府遇上同樣的困難。

而且，議會制度綜合了所有現代文明民族的理想。它體現了一個心理學上錯誤、但被普遍接受的想法，也就是說，比起一小部分人討論，許多人聚在一起更能夠對於某一特定議題做出有智慧、獨立的決定。

在議會中，我們可以找到群體的普遍特徵：思想過簡單化，易受刺激、容易接受暗示、感情太誇張以及領袖的巨大影響力。但是，由於其特殊結構，議會群體還是表現出一些不同之處。我們會在後面提到。

他們最明顯的特徵之一，就是意見過於簡單化。尤其是在拉丁民族每一個政黨裡，都可以找到一種傾向，就是透過最簡單的抽象原則或是一體適用的普遍法則，去解決最複雜的社會問題。當然，每一個政黨的原則都不同，僅僅因為個體是群體的一份子，所以總是會誇大這些原則的價值，設想它們最終的結果。因此，議會裡代表的，主要是極端的意見。

議會過於簡單化，最佳例子就是我們大革命時期的雅各賓黨人士。每個人都注重教條和邏輯，滿腦子都是模糊、空洞的想法，只管固定的原則，而無視事件本身。有人形容地很具體，說他們「穿越了大革命，卻並沒有看到大革命」。帶著一些教條，他們就覺得自己可以創造出全新的社會，並把原本非常精緻的文明拉回到社會發展史上的古早時代。他們用以實現這一夢想的手段，也帶有極其簡單化的烙印。事實上，他們只做了一件事，就是將一切阻礙他們的事物都摧毀掉。而且大家的做法都一樣：吉倫特派人、山嶽派人和熱月黨人[1]，都是被同一種精神所貫穿。

議會群體非常容易接受暗示，與所有情況一樣，能夠暗示他們的人，都是具有威望的領袖；但是在此需要指出，在議會裡面，可暗示性有非常明白的限度，不可逾越。

有關一些地方性的問題，議會每一個成員都有固定、不可改變的意見，沒有一個論據可以改變他們。涉及保護主義，或者酒商的特權時，即便具有狄摩西尼的才能[2]，也不可能改變議員的投票選擇，因為那代表了有影響力選民們的要求。這些選民給予的事先暗示，足以消解之後的其他暗示，讓意見保持一種絕對的固定性[3]。

面對一些普遍的問題：撤銷某部門、設立新稅種等，意見的固定性就消失了，領袖的暗示就開始能發揮作用，但還是不同於在普通群體中的狀況。每個政黨都有一些領袖，有時候可以發揮相等的影響。於是，議員處於幾種相對立的暗示之間，必定會猶豫不決。因此，我們就會看到，只不過十五分鐘的時間，他就以完全相反的方式投票，給一條法律附加一項條款，從而毀掉它的效用。比方說，不允許企業家挑選工人和開除工人，然後，又附加一個修正案，讓這一措施幾乎無法執行。

因此，每遇上一次法律制定，議會中就有人顯示出非常固定的意見，也會有非常不確定的意見。說到底，由於普遍問題在數量上最多，所以，主要發揮作用的，還是不確定性。議會一直害怕惹怒選民，所以保持這種不確定性。選民的潛在暗示，總是能夠在最後與領袖的影響力相抗衡。但是，在一些議會中，議會成員並沒有預先固定的意見，這時領袖依然是各種辯論的最終主人。

領袖的必要性是非常明顯的，因為，以團體首領的名義，他們分布在整個國家。他們是集會的真正君主，群體中的人不能沒有主人，因此，議會的投票結果，往往只代表了一小部分人的意見。

我們重複一遍，領袖很少透過邏輯推理來產生影響，而主要是透過他們的威望。一旦隨便一個處境讓他們沒有了威望，他們就不再有影響力。

這種領袖的威望是個人化的，既不因為自己的姓氏，也不因為他本人有多著名。儒勒・西蒙先生在談到一八四八年議會中的偉人時，給了我們一些非常有意思的例子。他當時也是議會成員。

就在拿破崙三世大權在握之前的兩個月，他還什麼都不是。

維克多・雨果走上講臺。他的談話並不成功。人們聆聽他，就像聆聽菲利克斯・皮亞[4]。掌聲也很稀疏。沃拉貝爾[5]在提到菲利克斯・皮亞的時候對我說：「我不喜歡他的想法。但他是法國最偉大的作家之一，而且是最偉大的演說家。」愛德格・基內[6]，這位罕見、強大的人物，也不被人重視。在議會成立之前，他曾經很有名。在議會中，他絲毫不受歡迎。

政治議會，是地球上最平庸的地方，最讓人無法感受到天才的光彩。只有切合時機、地點的雄辯，才會讓人記住，而且人們注重的，不是為國家做出的貢獻，而是為政黨做出的貢獻。人們在一八四八年向詩人拉馬丁（Alphonse de Lamartine）致敬，一八七一年向梯也爾致敬，那是因為當時有一種最重要的、緊迫的利害關係。一旦危險過去了，人們就既不再感恩，也不再害怕。

我引用了這一段，是因為它其中包含的事實，而非作者做出的解釋。這些解釋從心理學上看是非常平庸的。一個群體，如果能夠考慮到領袖做出的貢獻，無論是為國家，還是為政黨，那馬上就失去了作為群體的特徵。群體受到領袖威望的影響，他們的行為不是出自於任何利害關係的感受或者感恩之情。

具有足夠威望的領袖幾乎擁有絕對的權力。我們知道，一個著名眾議員在多年當中，都依靠他的威望而發揮很大的影響力。然後，在一些財務事件使他的威望一瞬間消失殆盡之前，他只要發出一個小小的信號，許多部長就會下臺。一位作家在以下文字中清楚地指出了自己行為的後果。

我們之所以用了貴出三倍的價格買下印度支那的北圻，只能在馬達加斯加佔據一個不確定的小小位置，在尼日爾的下游地區不得不放棄整個帝國，並失掉了我們以前在埃及的優勢地位，主要都是因為X先生，他的理論，比起拿破崙的失敗，讓我們失去了更多的領土。

我們也沒必要過於去恨這位領袖。很明顯，他讓我們付出了太大的代價。但是，他的影響力一大部分來自於時刻追隨公眾意見，而當時的公眾意見在殖民地問題上，跟現在的輿論大不一樣。一個領袖的做法很少能夠超前公眾意見，且大多只是接收它們的過錯。

領袖說服人的手段，除了威望之外，還有那些我們已經列舉多次的因素。為了能夠精明地操縱人，領袖必須能夠進入群體的心理，至少是以無意識的方式，知道如何跟群體說話，尤其是知道詞語、口號和意象的迷人影響力。他必須具備一種特殊的口才，由堅定的斷言和令人震撼的意象所構成，再輔以最初級的邏輯推理。這樣的口才，我們在所有議會中都可以看到，包括最冷靜的英國議會。

英國哲學家美因[7]寫道：「我們可以不斷地讀到關於議會辯論的各種描述。整個討論都是在交流一些沒有意思的陳詞濫調，而且是在一些相當粗暴的人之間進行。出於對純粹民主的想像，這類籠統的說法，往往可以產生意想不到的效果。只要用一些吸引人的詞語，總是很容易讓一群人接受籠統的說法，即便這些說法從未被驗證過，而且也許不可能接受任何驗證。」

在這一段引言中，「吸引人的詞語」之重要性，不可小覷。我們已經多次強調了詞語和口號的特殊力量，只要它們是精心挑選出來的，可以喚起非常強烈的意象。下面一段描寫，引自一位議會領袖的談話，提供了一個非常好的例子：

> 哪一天，派一艘船將把不道德的政客和殺人的無政府主義者載向流放之地，那裡到處都有人在生病、發燒，他們就可以有時間好好交談。他們會發現，對方原來是在同一個社會秩序中與自己互補的一面。

這樣喚起的意象非常清晰，又令人震驚。演說家的所有對手，都覺得受到了威脅。他們眼前一下子出現整片大地，每個人都在生病、發燒，還看到一艘可以把他們載去的大船，因為，他們也許就屬於那一類定義非常廣泛、受到威脅的政客。於是，他們就會感受到國民公會議員那種隱藏的恐懼，感受到斷頭臺、羅伯斯比爾那些模糊講談話的威脅。這一恐懼總是迫使他們讓步。

領袖應當會說一些最令人難以置信的誇張內容。我在上面引用的那位演說家還斷言，銀行家和教士們現在正在勾結投擲炮彈的人，一些大的金融公司管理者應當像無政府主義者一樣接受懲罰。這些驚人之語都沒有引起太多的反彈。面對群體，這樣的辦法總是管用。無論如何斷言，都不為過，無論發表多麼具有威脅性的言論，也不為過。沒有別的東西，更可以讓聽眾害怕，他們擔心自己一提出抗議，會被視為叛徒或者同謀。

我在前面說過，這樣一種特殊的口才，在所有的議會裡，都可以見識到。在一些危機的時期，它的作用就會更加強烈。從這一個角度去看，讀一讀大革命時期偉大演說家們的演說內容，是非常有意思的。他們覺得自己不得不時時刻刻去抨擊罪行、頌揚美德。然後，就進一步推及到要反對暴君，發誓要自由生活。不自由、毋寧死。聽眾一般都會站起來，激烈地鼓掌，安靜下來以後再坐下。

有時候，領袖可以是聰明、有學問的。但是，一般來講，這些條件對他與其說有利，不如說有害。智力能夠讓人寬容，減弱使徒必須有的信仰強度和烈度，因為它會去解釋事物的複雜性，有助於人理解來龍去脈。任何時代的偉大領袖們，尤其是大革命時期的，都是智力有限的人，卻完成了巨大的行動。

他們當中最著名的一位，羅伯斯比爾，他的談話經常令人瞠目結舌，因為其中有許多不連貫的地方。讀他的演講，我們從中找不到任何東西，可以解釋這位權重一時的獨裁者為什麼可以產生如此重要的影響力：

他講的都是一些陳詞濫調，而且邏輯重複，屬於拉丁文化下教科書式的口才，其靈魂與其說淡而無味，不如說幼稚，無論是在攻擊對方、還是在捍衛自己時，都只說小學生都會說的「你敢！」。沒有思想，沒有修辭，沒有特色。暴風驟雨之下，是一片無聊。從他無趣的演講中逃脫出來，就會很想跟討人喜歡的卡米耶・代穆蘭[8]一樣，發出一聲長籲。

想想也可怕，有堅定的信念，加上極其狹隘的精神，就可以讓一個有威望的人具有如此的權力。然而，要想看不到阻礙，知道如何推行自己的意志，就必須具備這些條件。在這些精力充沛的堅定信念者身上，群體發自本能地看到了自己所需的主人。

在議會中，一次演說的成功，幾乎只取決於演說者的威望，而非他提出的理性理由。

一個默默無聞的演說者，帶著一份理由充足、卻又盡是些理性分析的講稿，甚至沒有被聆聽的機會。

前議員代庫伯先生，在以下的文字中，勾勒出了一位沒有威望立法者的形象：

他站到講臺前，從公事包裡拿出一份檔案，認真地放在前面，開始信心十足地演講。

他自我感覺良好，覺得可以在聽眾的靈魂裡，灌輸他感到的那種信念。他的論據充足，充滿了數字和證據。他堅信自己是有道理的。他帶給眾人如此明證，任何抵抗都是無用的。他講著，覺得自己講得頭頭是道，也相信下面的同行與他意見一致，因為他們肯定只想一件事：在真理面前俯身稱臣。

講著講著，他突然感到了大廳裡的一陣騷動，嘈雜的聲音漸漸傳來，讓他有點惱火。

為什麼靜不下來呢？為什麼大家這麼不專心？那些人相互交頭接耳，是在想什麼？那個人有什麼急事，要匆匆離開他的席位？

他的額頭上出現一絲擔憂。他皺一皺眉頭，停了下來。在大會主席的鼓勵下，他提高了聲音，繼續講。但人們更不聽他講了。他加強了語氣，還搭配肢體動作，但身邊的噪音加倍了。他都聽不到自己說話了。他又停了下來；又害怕自己的安靜會引來那句可怕的「散會」，就又開始加快速度講。噪音變得不可忍受。

議會氣氛到了一定的刺激程度，跟普通的異質群體就一模一樣了，而且他們的情感有一個特點，就是總是極端的。我們可以看到他們做出最英雄主義的事，或者最糟糕過分的事。個體不再是自己，可以為一些與自己的個人利益正好相反的措施投出贊成票。

大革命的歷史證明了，議會有極大的可能，會變得是無意識的，從而接受與他們利益相反的暗示。貴族放棄特權，是巨大的犧牲，然而，就在著名的一次會議上，貴族們毫不猶豫地這麼做了。對於議員來說，放棄自己的豁免權，就意味著時時刻刻會有死亡的危險。然而，他們也投票贊成，而且絲毫不害怕揭發彼此的瘡疤，其實他們非常清楚，今天是同仁們上斷頭臺，明天就該輪到自己了。但是，到了我所描繪的境地，一旦徹底成了自動木偶，思考力就完全消失，無法阻止他們去接受被催眠的那些暗示。比佑－瓦萊納[9]是其中一員，他的回憶錄中有一段，充分描述這類典型情況。他說：「那些被人們如此詬病的決定，在大部分情況下，前一兩天我們都還是不同意；但危機一來，我們就都同意了。」確實是這樣。

在國民公會所有暴風驟雨式的會議上，也會發生同樣的無意識現象。丹納寫道：

他們對他們最不喜歡的事情，不光是蠢事，瘋狂的事、罪行、屠殺無辜者甚至殺害自己的朋友，都投票同意，而且頒布法令。左翼的人與右翼的人聯合，全票通過，而且帶著掌聲，將他們天生的領袖、大革命的偉大推進者和領導者丹東，送上斷頭臺。右翼的人與左翼聯合，以全票而且帶著掌聲，通過了革命政府最為可怕的法令。國民公會議員們透過一系列自發的選舉和再選舉，維繫一個專門殺人的政府，而平原派是憎恨這個政府的，因為它殺人，山嶽派也是憎恨的，因為它削弱了他們的力量。然而，每次的贊同，都是全票通過，帶著熱情和敬仰的歡呼聲，大家都對柯洛・戴爾布瓦[10]、庫通[11]和羅伯斯比爾表示熱情的支持。就這樣，平原派和山嶽派，一個是多數派，一個是少數派，都成了殺害自己人的幫兇。牧月二十二日，整個國民公會的人，都把自己的脖子伸向了劊子手；熱月八日，在羅伯斯比爾演講之後的第一個十五分鐘時間內，他們又一次伸出了自己的脖子。

這樣的描述，可能會讓人覺得陰暗無比。然而，它是事實。被刺激、催眠到足夠程度的議會，都具有同樣的特徵。它成為流動的羊群，聽從一切衝動。接下來的一段，是對一八四八年議會的描寫。它是斯普勒（Eugéne Spuller）先生記錄下來的，他的民主信念是不容置疑的。我轉自《文學雜誌》（*La Revue Litteraire*）。這段描寫非常典型。從中可以看到我描述過的群體其所有誇張情感。它們極度多變，讓人從一個瞬間到另一個瞬間之間，就體驗到最極端的不同情感：

> 分歧、嫉妒、懷疑，然後又是盲目的信任、無限的期待。這些讓共和黨走向了滅亡。它幼稚、天真，卻同時要對全世界的一切發出挑戰。沒有任何的法制觀念，沒有任何對規則的理解。接二連三的恐懼，無邊無際的幻想：這一點上，就像是孩童和農民的結合體。他們既沉靜，又沒有耐心，既野蠻，又溫順。這就是典型的尚未健全的性格和教養的缺乏。沒有東西讓他們驚訝，卻又什麼都讓他們手足無措。渾身打顫、害怕、勇敢、英勇，他們可以穿過火焰，卻也會看到一個影子，就往後躲。
>
> 他們不知道事物的關聯和後果。他們隨時會絕望，隨時會激動，隨時會害怕，情緒總是太高或者太低，永遠無法因時制宜有適度的情感或舉止。他們比水還要流動，可以折射出各種色彩，採取各種形狀。以他們的特質來看，我們能夠

指望建立起什麼樣的政府呢？

幸運的是，我們上面所描述的議會特徵不是在任何時候都會表現出來。只有在一定的時候，才表現得像群體。在許多情況下，組成他們的個體，還是能夠保持自己的個體性，這也是為什麼，一個議會可以制定出許多技術方面很好的法律。當然，這樣的法律是專家獨自一人在他的書房裡準備好的。投票通過的法律，其實是一個個體的工作成果，而非一群議員的成果。這樣的法律，自然是最好的。只有在一系列令人無奈的修正案讓它們成為集體成果時，這些法律才會變成糟糕可怕的東西。群體的工作，無論何處，總是不如一個孤立個人的工作。獨自一人的專家，可以避免議會投票通過太混亂、太沒有經驗的措施。於是，專家可以成為暫時性的領袖。議會對他們沒有影響，而是專家影響議會。

儘管在運行上有各種困難，到目前為止，議會制度，依然是人民能夠找到的最好治理手段，它尤其是最有效的手段，能從個人暴政的枷鎖下解脫出來。它肯定是一個政府的理想狀態，至少哲學家、思想家、作家、藝術家和學者都會同意，也就是說，構成文明的每個尖端人士都這麼想。

而且，它僅僅代表了兩種嚴重的危險：財政方面的必然浪費，以及對於個體自由的漸漸約束。

第一種危險，是選舉群體不斷的要求和缺乏遠見所帶來的必然後果。有些議員提出議案，看上去是滿足了民主的想法，比方說保障所有工人領得到退休金，增加農民、小學教師的收入，在這種情況下，其他議員受到暗示，害怕選民生氣，不敢表現出自己對那些權益的蔑視，也不會拒絕那些議員的提案。雖然他們心裡非常清楚，這會大大加重預算的壓力，需要增設新的稅種。在投票的時候猶豫不決是不可能的，增加預算要很久以後才能看到成果，但對他們本人沒有可怕的後果。而只要投下反對票一次，第二天就可以看到後果，因為需要去面對選民。

這是第一個導致財政超支的原因。另外還有一個原因，同樣難以迴避：議員必須同意所有地方性的支出。沒有議員會反對，因為這又涉及選民的要求。同時，若有議員要想滿足與自己選區有關的要求，就必須答應同事們的相應要求[12]。

上面提到的第二種危險，即議會將迫使人們的自由度降低，看上去並不那麼明顯，卻是非常現實的事情。這一危險的原因是，眾多法律都有很大的限制力，議員們由於頭腦簡單，看不到長期的後果，覺得必須通過這些法律。

這一危險一定是不可避免的，因為即便是英國，也沒有能夠躲避這一點；更何況這個國家有最完美的議會制度典型，而且議員相對於選民具有最大的獨立性。赫伯特・斯賓塞在一部舊作中就已經指出，表面上自由的增加，一定會伴隨著真正自由的減少。他在《人與國》（*The Individual versus the State*）一書中，再次提出同樣的論點。他這樣描述英國議會：

從這一時期開始，法律體系就按著我指出的方式發展。專制的措施，不斷增多，持續地約束了個人的自由。以兩種方式：每年都設下數量不斷增多的規定，將一種限定強加於個體身上（之前，個體的行為完全是自由的），並迫使他去完成一些行為（而之前，這些行為是可完成也可不去完成）。同時，公共的支出越來越沉重，尤其是地方性支出，削減了他本可自由支配的利潤，增加了他被剝奪的、可以被公共人員隨意使用的部分，從而約束了他的自由。

斯賓塞沒提到的是，這種自由的逐漸減少，各個國家都以自己特殊的方式進行：創立大量的法律措施，而每個措施又都是約束性的，必定會增加執法公務人員的數量、權力和影響力。他們會漸漸成為文明國家的真正主人。他們的權力尤其大，因為政府不斷更替，而行政階層可以維持不變，從而只有他們可以不負責任、事不關己、屹立不搖。然而我們知道，在所有形式的專制之中，正是以這三種態度表現出來的最難被擺脫。

約束性的法律和規則不斷創立，讓生活中最細小的行為都蒙上了最為複雜的形式，其致命的後果，是漸漸縮小公民可以在其中自由活動的空間。人們成為一種幻覺的犧牲品，以為法律越多，就更可以保障平等和自由，結果每天都在接受越來越沉重的束縛。

這樣持續接受約束，必定會有後果。習慣忍受所有的枷鎖之後，他們很快就會主動尋找枷鎖，並失去一切的自發性和能動性。他們變成了無用的影子、被動的木偶，沒有意志、沒有抵抗力又沒有力量。

但是，在自己身上不再能夠找到的發條，必須去別處尋找。隨著公民越來越大的漠然和無能，政府的作用就不得不變得更大。政府必須具備個體不再擁有的創新精神、負責態度和行為能力。他們必須主導一切、領導一切、保護一切。國家就會變成是全能的上帝。但是，經驗告訴我們，這樣神一般的權力，從來都不是持久的，也不是真正強大的。

在一些民族中，對各種自由的逐漸約束——儘管有法律保護，讓他們產生幻覺，以為自己擁有自由——彷彿不僅僅源自體制，而是同時源自該民族本身的衰老。它構成了一種預示的症狀，顯示該民族已經進入了衰敗階段。直到今天，還沒有一種文明得以逃避這一階段。

只要依據過去的教訓，以及來自各方的明顯症狀，那麼就可以判定，許多現代文明已經進入了衰敗之前的極度衰老時期。對於所有的民族來說，有些演變顯然是致命的，因為我們在歷史上看到，這些過程如此經常地重複出現。

想要簡明扼要地標示出這些演變的各個階段很容易。在本書結束之際，我們來概述一下這個過程。

假如從大軸線來看，那些在我們之前的文明是如何走上輝煌和趨向衰敗，能看到什麼？

在這些文明的黎明時期，有一小部分人，出身不盡相同，因為變遷、入侵和征服等原因，偶然地聚集在一起。這些人的血液不同，語言和信仰也非常多樣，他們的共同連結，就是或多或少遵從法則，服從一位首領。在他們蒙昧的聚集之中，有著群體心理特徵的最高體現。他們有暫時的凝聚力、英雄主義、脆弱、衝動和暴力。他們身上沒有穩定性，就是野蠻人。

隨後，時間會完成它的工作。階級認同、不斷通婚、共同生活的必要條件，漸漸發揮作用。不同的聚集群開始產生融合，形成一個種族，也就是一個具有共同特徵和情感的聚集體，並漸漸透過遺傳而更加穩固。群體變成了民族後，將可以走出野蠻。

然而，人們要做到這一點，需要長期的努力、不斷的搏鬥與不斷的重新出發，之後開始找尋一個理想。這一理想的本質是什麼，無關緊要。在種族的形成過程中，無論是崇拜羅馬的雄偉、雅典的強大或者是阿拉的勝利，都足以讓當中所有個體，具有思想和情感上的完美統一性。

此時，一種新的文明就可以誕生，包括它的制度、信仰和藝術。種族在它的夢想引導下，可以漸漸擁有一切能帶來光彩、力量和輝煌的事物。在有些時刻，它依然是群體，但是，在群體流動、變化的特徵之下，會有一個固定的基質，就是該種族的靈魂，它將嚴格地限縮民族的不定性，並減少隨機性。

但是，在完成了創造行為之後，時間就開始它的破壞工作。神靈與人，都無法逃避這一工作。當文明達到了一定程度的強大和複雜之後，就不再繼續發展。而只要它不再發展，就必定會很快衰弱，馬上走向衰老的時刻。

當支撐著種族靈魂的理想開始減弱，就標誌著這一不可避免的時刻已到來。隨著這一理想的黯淡，所有從它那裡得到靈感來源的宗教、政治或社會結構，就開始動搖。

隨著其理想的漸漸消亡，種族越來越失去一些事物，無法變得一致、統一，為自己帶來力量。個體的性格和智力可以增長，但同時，種族的集體自私被個體自私的極度發展所替代，隨之而來的，是種族性格減弱，以及行動能力變低。用以構成民族、統一體、整體的群體，最後變成一群沒有整體性的個體聚集，透過傳統和制度，以人為的方式維持團結，在一段時間內苟延殘喘。於是，人們被自己的利益和追求目標所分化，不再知道如何管理自己，甚至任何細小的行為，都要求有人來帶領，從而讓國家行使影響力，吸納統治所有個體。

隨著古老理想的徹底丟失，種族最後也就失去了靈魂，充其量不過是無數孤立的個體。它重新回到，在出發點時的樣子：一個群體。它會表現出所有過渡性特徵，沒有實質性、沒有明天。文明不再具有任何固定性，聽任一切偶然的擺布。賤民成為王后，野蠻人脫穎而出。文明可以看上去依然亮麗，因為它保留了長久以來歷史創造出的立面，但事實上，內部已經是被蟲蛀得千瘡百孔的建築，沒有任何的支撐，只要風暴一來，就會倒塌。

追隨一個理想，讓群體從野蠻走向文明。然而，一旦這個理想失去了它的力量，就開始敗落、消亡。這就是一個民族的生命歷程。

1 譯注：吉倫特派，法國立法議會和國民公會中的多數派，因成員大都來自法國的吉倫特省（Gironde，省會為波爾多）而得名；山嶽黨（La Montagne），法國立法議會和國民公會中的少數派。關於山嶽黨叫法的來源，有各種說法。主要的說法是議員們坐在議會的左側，座位的位置比較高，所以稱為山嶽，而坐在右側的議員們人數眾多，比較溫和，座位的位置比較低，稱為平原派。另一種說法是山嶽黨人士主要居住在巴黎左岸的聖日娜維也芙山附近，而平原派主要居住在塞納河右岸的平原地帶（方登廣場和皇宮廣場之間）。還有一種說法認為，山嶽黨人的叫法是為了向盧梭的《山中書簡》致敬。羅伯斯比爾、丹東等人，均屬於山嶽黨。熱月黨人（Thermidoriens），特指在一七九四年七月二十六至二十七日之間，成功對抗羅伯斯比爾、並下令將他逮捕並處死的法國國民公會成員。根據大革命時期的曆法，當時是熱月九日。

2 譯注：狄摩西尼（Demosthène，西元前三八四至前三二二年），雅典政治家，著名演說家。據說，他天生口吃，被人恥笑，於是將小石塊含在口中，苦練演說本領，終有所成。

3 作者注：也許，有位英國老議員的感想尤其適用於那些事先就被固定、並因為選舉需求而變得不可改變的意見：「我在西敏宮的議員席位已經五十年了，聽過成千上萬的演說；很少有談話能夠改變我的意見；更沒有一個演說改變過我的投票選擇。」

4 譯注：菲利克斯・皮亞（Felix Pyat，一八一〇至一八八九年），法國十九世紀著名記者、劇作家、政治家。參與巴黎公社並加入領導層，但在巴黎公社「流血週」之前流亡英國，大赦後回到法國，當選為參議員和眾議員。

5 譯注：艾希爾・特納伊・德・沃拉貝爾（Achille Tenaille de Vaulabelle，一七九九至一八七九年），法國十九世紀著名記者、政治家，曾在立法議會擔任議員，一度擔任教育部長。

6 譯注：愛德格・基內（Edgar Quinet，一八〇三至一八七五年），法國十九世紀著名歷史學家、詩人、哲學家、政治家。因拿破崙三世上臺而一度流亡比利時、瑞士。他的作品，如《大革命》、《共和國》，以及他的公共教育思想，深深影響了法蘭西第三共和國的一些決策。

7 譯注：亨利・森納・美因（Henry Sumner Maine，一八二二至一八八八年），英國十九世紀著名法學家、歷史學家、人類學家。被認為是法律人類學和法律社會學的先驅。

8 譯注：卡米耶・代穆蘭（Camille Desmoulins，一七六〇至一七九四年），律師、記者，法國大革命時期重要的革命家、演說家。起初與羅伯斯比爾友誼甚篤，後來於一七九四年四月五日與丹東一起在革命廣場（今協和廣場）被羅伯斯比爾處死。

9 譯注：雅克・尼古拉・比佑—瓦萊納（Jacques Nicolas Billaud-Varennes，一七五六至一八一九年），法國大革命時期重要政治家。擁護羅伯斯比爾，後來在熱月政變中反對他。之後，其他革命家認為，他與羅伯斯比爾其實一樣沾滿鮮血。一七九五年，被判決流放法屬圭亞那。後拒絕拿破崙的特赦，依然留在圭亞那。復辟時期，移居海地，直至去世。

10 譯注：柯洛・戴爾布瓦（Jean-Marie Collot d'Herbois，一七四九至一七九六年），法國大革命時期重要政治家。與比佑—瓦萊納一道，在熱月政變中下令逮捕、處死羅伯斯比爾。最終與比佑—瓦萊納一起被流放到法屬圭亞那，因發高燒而在當地去世。

11 譯注：喬治・庫通（Georges Couthon，一七五五至一七九四年），法國大革命時期重要政治家。曾任國民公會主席。一直忠實於羅伯斯比爾。熱月政變之後，與羅伯斯比爾、聖茹斯特等人一起被處決。

12 作者注：在一八九五年四月六號一期的《經濟學家》上，我們可以看到一個非常有意思的證據。它證明在一年內，為了純粹滿足選民的利益，需要付出多少巨大支出，尤其是在鐵路建設方面。為了將遠在山頂之上的朗蓋伊鎮（Langayes，三千個居民）跟勒皮市（Le Puy）連接在一起，人們投票贊成修建鐵路，花費一千五百萬。將波蒙（Beaumont，三千五百個居民）和卡斯泰爾—薩拉贊（Castel-Sarrazin）連接起來，七百萬。將烏斯村（Oust，五百二十三個居民）與賽克斯村（Seix，一千兩百個居民）連接起來，七百萬。將普拉德（Prade）與奧萊特鎮（Olette，七百四十七個居民）連接起來，六百萬。僅一八九五年一年，就投票通過了九千萬的鐵路預算，都是些沒有整體利益的交通建設。其他還有純粹為滿足選民的支出，也同樣不可小覷。有關工人退休的法律，根據財政部的資料，很快就會至少讓國家每年支出一億六千五百萬。而按照勒魯瓦—波利厄（Pierre Paul Leroy-Beaulieu）院士的計算，更是要高達八億。這樣的支出的不斷加碼，最後必定導致破產。許多歐洲國家：葡萄牙、希臘、西班牙、土耳其，都已經破產了。其他國家不久就會面臨破產。但是，我們不需就此憂心忡忡呢，因為公眾已經漸漸接受，各個國家的國債支付減去五分之四，也沒有出現太大的抗議。這種聰明的破產，在短時間內，會很快讓這些巨額的預算收支平衡。戰爭、社會主義、經濟鬥爭，也都讓我們必須準備好面臨各種災難。我們現在進入了一個整體潰敗的世界，必須接受自己要過一天是一天，不怎麼去想那不可預知的明天。

烏合之眾：激情、非理性、領袖崇拜，盲目群體的心理陷阱／古斯塔夫．勒龐著（Gustave Le Bon）；董強譯.
-- 初版. -- 臺北市：時報文化，2020.05；240面；14.8×21公分. --（知識叢書）-- 譯自：Psychologie des foules
978-957-13-8189-3（平裝） 1.群眾心理學
541.773 109005139

作家榜经典文库®

ISBN 978-957-13-8189-3
Printed in Taiwan

知識叢書 1084

烏合之眾：激情、非理性、領袖崇拜，盲目群體的心理陷阱
Psychologie des foules

作者 古斯塔夫．勒龐 Gustave Le Bon｜**譯者** 董強
副主編 郭香君｜**責任編輯** 許越智｜**責任企劃** 張瑋之｜**封面設計** 兒日｜**內文排版** 張瑜卿
編輯總監 蘇清霖｜**董事長** 趙政岷
出版者 時報文化出版企業股份有限公司 108019臺北市和平西路三段240號一至七樓
發行專線 (02)2306-6824｜**讀者服務專線** 0800-231-705．(02)2304-7103｜**讀者服務傳真** (02)2304-6858
郵撥 1934-4724時報文化出版公司｜**信箱** 10899臺北華江橋郵局第99信箱
時報悅讀網 http://www.readingtimes.com.tw｜**電子郵箱** ctliving@readingtimes.com.tw
綠活線臉書 https://www.facebook.com/readingtimesgreenlife/
法律顧問 理律法律事務所 陳長文律師、李念祖律師
印刷 綋億彩色印刷有限公司｜**初版一刷** 2020年5月22日｜**初版六刷** 2024年5月24日｜
定價 新台幣300元

時報文化出版公司成立於一九七五年，並於一九九九年股票上櫃公開發行，
於二〇〇八年脫離中時集團非屬旺中，以「尊重智慧與創意的文化事業」為信念。

董強——譯

詩人、學者，傅雷翻譯出版獎組委會主席，北京大學法語系主任、博士生導師。中法兩國在教育、文學、翻譯、藝術等多領域交流的重要參與者和見證者。迄今為止唯一將《論語》翻譯成法文的中國學者，著有其他著作、譯著逾三十餘部。曾在法國遊學十二年，期間用法語出版詩集《鬆綁的手》，贏得法國文化界名人諾貝爾文學獎得主勒·克萊喬、文學大師米蘭·昆德拉等人的一致讚賞。

1998 年，被法國知名媒體《費加羅》雜誌評為「年度傑出華人」。

2001 年，回到北京大學法語系任教，持續推動中法文化交流和傳播。

2008 年，成為榮獲法國政府「教育騎士」榮譽勳章的最年輕學者。

2013 年，榮獲法蘭西學院至高榮譽「法語國家聯盟金獎」。

2014 年，入選「中法建交五十年五十人」。

2015 年，法國三任總理同臺授予其「榮譽軍團騎士」勳章。

2016 年，獲頒比利時布魯塞爾自由大學「榮譽博士」稱號。

2016 年，當選法蘭西道德與政治科學院外籍終身通訊院士，為該院二百餘年來首位華人通訊院士，《新聞聯播》、新華社、《人民日報》紛紛報導。

PSYCHOLOGIE DES FOULES

有些想法、有些情感，只有在個體成為群體時，才會湧現出來，
或者轉化為行動。————勒龐

為什麼人在群體中，總是想要擁抱偶像、服從領導，
甚至願意自我犧牲或變得激動暴力？
為何假消息容易流傳、網路開戰就想置板凳、多人按讚就會變得勇敢？
這一切難解的現象，都可以從群體的心理特徵找到解答。

日常生活中，我們常常陷入不自主的群體行為，從瘋搶衛生紙、排隊美食、當一日球迷，只要發現情緒被點燃或是出於某種認同感，就會加入各種分眾群體。但往往事情過後，冷靜下來，會發現自己在群眾中不像平常的樣子。有時過於激情、有時過於憤怒、有時不考慮後果，這都是群體心理的效應。

勒龐是現代心理學的先驅，比佛洛伊德更早發現集體無意識的作用。他從法國大革命、拿破崙執政等等社會巨大變革中觀察到，當人們在某種號召、認同或是標籤下形成群體時，就會進入類似催眠的狀態。在那時，無論智力多少、學歷高低，人都會只憑著本能、情感、外在刺激或暗示，隨著群體的潮流前進。在裡面，每個人的異質性都會消失，情緒相互傳染，只剩下如狂熱宗教般的靈魂與衝動。

勒龐認為，幾乎重大的歷史事件都是由激情的群眾運動所推動，而意見領袖就宛如操控群眾心理的天才一樣。今日，由於網路的發展，群體效應更容易生成。在這個眾聲喧嘩的時代，若想在如漩渦般的群眾潮流中保持清醒，《烏合之眾》不啻為潑自己冷水的一記棒喝。

時報悅讀網
ISBN 978-957-13-8189-3(541.773)
KAH1084 NT$300
大星